Das
Pierre Stutz
Lesebuch

Herausgegeben von
Gabriele Hartlieb

HERDER

FREIBURG · BASEL · WIEN

HERDER spektrum Band 6516

MIX
Papier aus verantwortungsvollen Quellen
FSC® C083411
FSC
www.fsc.org

www.herder.de

Umschlaggestaltung: Designbüro Gestaltungssaal
Autorenfoto Pierre Stutz: © Stefan Weigand
Satz: Designbüro Gestaltungssaal

Herstellung: CPI – Clausen & Bosse, Leck

Printed in Germany

ISBN 978-3-451-06516-3

Inhalt

Vorwort

Was für ein Glück, dass Pierre Stutz es sich nicht leicht gemacht hat damit, das Leben richtig zu leben und davon zu schreiben! Was für ein Glück für seine Leserinnen und Leser, dass dieses »richtige« Leben für ihn Intensität und Wahrhaftigkeit umfasst und dass er deshalb auch dem Schmerz und den Fragen auf den Grund gegangen ist; was für ein Geschenk, dass er immer Augen für das Schöne, Staunenswerte und Beglückende hat; wie gut, dass er auf die großen Herausforderungen und abgründigen Zweifel gelassen und beharrlich konkrete Alltagsantworten findet!

Das Schreiben war schon früh sein Traum; und wie so oft, wenn Träume wahr werden, fiel die Erfüllung ihm nicht in den Schoß. An dem Traum, zu schreiben und mit dem Schreiben andere zu erreichen, hat Pierre Stutz viel gearbeitet. Zum Beruf wählte er zunächst etwas anderes, eine Berufung, die aufs Ganze geht: als Priester war er angekommen bei dem, was man sich unter dem »richtigen Leben« vorstellt und mit dem man doch nie ans Ende kommt. Weiter unterwegs also, hat er auf seinem Weg aufgeschrieben, was ihm wichtig war; er hat sich auch mit seinen Worten immer wieder aufgemacht, um zum Ausdruck zu bringen, was ihn unmittelbar angeht, was sein größtes Anliegen ist: wie Gott in dieser Welt wirklich wird und wie das Leben gelingt für uns Menschen, Gottes geliebte Geschöpfe – und zwar für alle miteinander. Zu dieser Wirklichkeit Gottes für den Menschen gehört, dass als Geschenk da ist, worauf es wesentlich ankommt, und dass der Wert jedes Menschen darum ganz aus seinem Sein entspringt und nicht daran hängt, was einer hat, wie erfolgreich eine ist, wie viel jemand leistet. Die Erkenntnis, erst einmal sein zu dürfen, bevor irgendetwas erwartet wird, ist eine, zu der Pierre Stutz selbst auf dem Weg der Erfahrung gelangt ist, die er mit dem eigenen Leben durchbuchstabiert hat. Zum Glück – für seine Leserinnen und Leser – hat er in Worte gefasst, wie diese Erfahrung sich anfühlen und was sie auslösen kann.

Pierre Stutz schreibt auf, was ihm wichtig ist – und nie schreibt er etwas, was er nicht selbst erfahren hat. Dabei war es für ihn selbst gar nicht einfach, diese Erkenntnis zu erlangen: sein zu dürfen und auf die eigene Stimme des Herzens zu hören; er spürte auf der Suche nach dem, was wichtig ist, und mit dem Wunsch, das Richtige und Gute zu tun, die Bedürfnisse der anderen oft deutlicher als die eigene Not; und es brauchte schließlich eine Krise, die ihm zeigte, dass das äußerlich so richtige und gute Leben noch nicht stimmt, wenn es nicht im Einklang mit sich selbst ist. Das hat ihn sehr aufmerksam gemacht für die Verletzlichkeit des Lebens und für alle lebensförderlichen Kräfte. Er hat erfahren, wie viel Zärtlichkeit und Lebenskraft, wie viel Annehmen und Hingeben, wie viel Mut und Vertrauen nötig sind, um zu diesem Einvernehmen mit sich selbst zu gelangen. Und er hat sich deshalb auch in seiner christlichen Tradition aufgemacht und nach den Quellen gesucht, die von solchen guten Kräften erzählen. Gefunden hat er sie in den Klagen und dem Dank der Psalmen aus dem Ersten Testament; in den Berichten vom Liebhaber des Lebens aus Nazaret, Jesus, der heilte, diskutierte und viel feierte; in den innigen Texten der mittelalterlichen Mystikerinnen und Mystiker. In seinen Büchern hat er ihren Gedanken und Worten ins 20. und 21. Jahrhundert hinein geholfen. Er hat ihre manchmal sehr fremde und schwer verständliche Sprache übersetzt in den Alltag von jetzt. Auch ihnen allen geht es um das richtige Leben, in dem das Schöne viel Platz hat, jede kleine Freude Anlass zum Danken ist, das Unheil nicht verschwiegen wird, die Sehnsucht nach Gerechtigkeit und Heil immer neu gesagt wird und die Gewissheit auf ein gutes Ende die Wirklichkeit verändert. Was Pierre Stutz im aufmerksamen Hören auf die lebendigen alten Texte und im inneren Gespräch mit ihnen erfahren und aufgeschrieben hat, macht sie neu zugänglich auch für alle, die seine Bücher lesen.

Zärtlichkeit und Lebenskraft, beides gehört für ihn zum Wahrnehmen der Herzensstimme, zum Hüten des inneren Feuers, zum Geradestehen für den eigenen Weg. Zärtlichkeit und Lebenskraft helfen, sich aufzumachen auf diesen Weg, über Umwege das Eigene zu finden, vielleicht im Scheitern zu erkennen, wo es weitergehen kann, Abschied zu nehmen von dem, was nicht stimmt, Träume ernst zu nehmen und zu leben. Was sich einfach sagen lässt, ist nicht immer leicht zu tun. Viel Mut gehört dazu und viel Vertrauen – Pierre Stutz, der Mensch, hat es auf seinem persönlichen Weg erfahren, und der spirituelle Begleiter und Autor Pierre Stutz konnte viele ermutigen, der Verwandlung zu trauen und selbst den Segen des Aufbruchs zu erfahren.

Leben und Schreiben sind kaum zu trennen bei ihm: Das macht seine Bücher ganz echt und unmittelbar. Leichter fällt das Schreiben im Modus der Erfahrung sicher eher nicht: Auch wenn Erfahrungen uns reicher machen, besteht dieser Reichtum eben nicht nur in Glück, Freude und Helligkeit, sondern auch in Enttäuschung, Schmerz, Dunkelheit oder Unheil. Die beglückenden wie die abgründigen Erfahrungen in Worten so zum Ausdruck bringen und verwandeln zu können, dass sie auch für andere wahr werden, ist eine der ganz großen Gaben von Pierre Stutz. Vielen Leserinnen und Lesern geht es so, dass sie einstimmen können in das, was da steht, dass sie in seinen Büchern plötzlich Worte finden für die unbestimmte Ahnung, die sie hatten, für die Unruhe, die sie spürten, für das Naheliegende, das zu tun ist und das sie doch nicht vorher gesehen hatten. Wer seine Bücher liest, lernt sich selbst besser kennen und beginnt, die Stimme des Herzens besser wahrzunehmen. Der wird ermutigt, für sich selbst einzustehen und die eigene Lebensaufgabe anzugehen. Der sieht sich und alle und alles um ihn herum klarer.

Diese Ermutigung hängt auch damit zusammen, dass man sich in seinen Büchern wie in der persönlichen Begegnung freundlich wahrgenommen fühlt und dass er vor Publikum und auf der Bühne eine Ruhe und Herzlichkeit verströmt, die durchatmen lässt, die gelassen und heiter stimmt. Vor allem aber ermutigt Pierre Stutz mit seinen sehr konkreten Ideen, Übungen und Meditationen. Weil er den Menschen als Einheit von Leib, Seele und Geist in den Blick nimmt, sind Gesten und Zeichen der vertiefende körperliche Ausdruck einer Haltung, eines Gefühls, einer Erfahrung. Solche Rituale geben der Oberfläche des Alltags die Tiefenstruktur, die ihn trägt; sie schaffen eine Verbundenheit – mit anderen Menschen, Zeiten oder Orten –, die Sinn schenkt. Diese Alltagsspiritualität stärkt dem Einzelnen Leib und Seele, und sie stärkt das Miteinander. Es ist gut, in den verschiedenen Zeiten des Tages, des Jahres und des Lebens Worte und Zeichen zu haben, die deutlich machen, dass hier ein Moment wichtig ist, dass dort ein Übergang bewusst gegangen wird, dass ein Innehalten nötig ist, eine Geste der Solidarität oder ein Fest der Dankbarkeit.

Dass aber auch unterwegs im und zum richtigen Leben nicht alles gut ist; dass beim Hören auf die Stimme des Herzens nicht immer nur Angenehmes zutage kommt; dass Schmerz und Unglück an spirituellen Menschen nicht vorübergehen, und dass vielleicht gerade sie sensibel sind für das Schwere und Unheil dieser Welt, das ist ja nicht zu leugnen. Die Erfahrung der Verletzlichkeit hält die Sehnsucht nach Heil wach. Sie erinnert uns auch daran, dass Glück eben noch keine Seligkeit ist. Es ist überhaupt nicht selbstverständlich, doch es lebt in der Unvollkommenheit und ist ganz nah, für alle, die offene Augen und Ohren haben, einen halbwegs klaren Kopf und ein weites Herz. Immer wieder beschreibt Pierre Stutz, wo er es erlebt: Das Glück überwältigt mit der Schönheit der Natur; lässt sich blicken, wenn Menschen beieinander sind, manchmal auch ganz überraschend; ist still dabei, wenn ein beeindruckender Film oder ein gutes Buch berühren; beflügelt, wenn politisches Engagement Erfolg zeigt; tanzt mit, wenn zwei Menschen sich Leib und Seele füreinander öffnen. Das sind die Momente, in denen das Leben gefeiert werden will: Schließlich ist das Leben »keine Turnübung, sondern ein Tanz in Gottes Armen«, wie Pierre Stutz mit Madeleine Delbrêl, der Mystikerin des 20. Jahrhunderts, betont.

Es ist auch das wunderbare unvollkommene Glück dieses Lebens, das dabei hilft, loszulassen, was man nicht festhalten kann – auch wenn das Loslassen schwerfällt. Auf dem Weg zum richtigen Leben muss manches losgelassen werden; dazu gehört vor allem die Illusion, mehr zu haben führe zu einem besseren Sein; es kann das allzu liebgewonnene Selbstbild dazu gehören, Pläne, die so gut ausgesehen hatten, Menschen, die in eine andere Richtung unterwegs sind; auch sich selbst loszulassen gehört dazu, immer wieder. Wer loslassen kann, hat die Hände frei und kann sich einlassen auf das, was nötig ist, auf andere, auf die Welt, die Menschen braucht, die sich nicht vor allem um sich selbst drehen.

Auch wenn es ums Loslassen geht, um dieses Öffnen des Herzens, der Hände und aller Pläne, merkt man, dass da einer schreibt, der weiß, wovon er redet. Pierre Stutz hat es immer wieder getan, er hat Trennungen und Abschiede hinter sich – auch sein Leben als Priester in der katholischen Kirche gehört dazu.

Er weiß also, wovon er redet, wenn er vom Loslassen schreibt; und er erzählt, wie viel dabei zu gewinnen ist. Wer sich dabei die Fähigkeit zum Staunen erhält, wird mehr entdecken. Und wer merkt, wie erstaunlich gut es tut, sich selber loszulassen, hat Lust zu dem vielfältigen Engagement, das die Welt zu einem schönen Ort macht.

Für solches Engagement braucht es Kraft – wohl dem, der Kraftquellen kennt. Eine, die Pierre Stutz nennt, ist die Verbundenheit. Ein anderer Name dafür ist Liebe, und die ist kein abstraktes Konzept. »Gottes Liebe lässt sich hautnah erleben«, schreibt Pierre Stutz.

Das vorliegende Lesebuch ist ein Querschnitt durch das vielfältige Werk dieses Autors, und die Gattungen, in denen er sich bewegt, sind vertreten: das Gedicht und das Gebet, die Meditation, die Reflexion, der beschreibende

Text. Autobiografisches ist dabei und biblische Betrachtungen, kurze Verse, praktische Anregungen. Man lernt den Menschen Pierre Stutz kennen, wenn man diesen Autor kennenlernt, für den Leben und Schreiben kaum zu trennen sind. Wichtiger vielleicht aber noch: Man lernt sich selbst besser kennen und wird angesteckt von der Freude, auf dem eigenen Weg und in Gottes Wirklichkeit unterwegs zu sein, mit offenen Augen und einem weiten Herzen.

Gabriele Hartlieb

I.

Die Stimme des Herzens hören

Zärtlichkeit und Lebenskraft

Herzensstimme

Horche auf deine innere Herzensstimme
die dich zu dir selbst führt
zum tiefen Grund deines Daseins
und zu deiner ureigenen Aufgabe auf dieser Welt

Erkenne in dir jene Herzensworte
die dich wirklich lebendig werden lassen
und dir die Kraft zum Mitsein
und zum Engagement schenken

Horche auf deine innere Herzensstimme
um zu erkennen welche unruhigen Stimmen
dich fremdbestimmen und blockieren
und welche tiefe innere Stimme der Intuition
dich zum Geradestehen für dein Leben aufrichtet

Erkenne in dir jene Herzensworte
die sich in der Fülle der Informationen
in deinen Seelengrund gesetzt haben
weil sie sich bewährt haben
und erahne in ihnen die göttliche Stimme
die auch dir ins Herz geschrieben ist

Da-sein können

Rabbi Löw sprach: »Ein Mensch,
dem nicht an jedem Tag eine Stunde gehört,
ist kein Mensch.«
MARTIN BUBER

Eine große Sehnsucht lebt in mir. Ich möchte mehr darauf vertrauen können, dass mein Wert aus meinem SEIN entspringt. In unzähligen Vorträgen habe ich diese Worte ausgesprochen. Jedes Mal lösten sie bei mir und den Zuhörenden Aufatmen, Betroffenheit, Verunsicherung, Hoffnung aus. Unglaublich, was einige Worte bewirken können. Unglaublich, wie schwer sie in die eigene Existenz umzusetzen sind. Unglaublich, wie sie mich nicht mehr loslassen.

Mein Wert entspringt aus meinem Sein

Halt an, wo läufst du hin?
Der Himmel ist in dir!
Suchst du Gott anderswo,
du fehlst ihn für und für.
ANGELUS SILESIUS

In den sechs Worten der Überschrift kommt meine Erfahrung zum Ausdruck, verdichtet sich meine Lebensgeschichte, meine Sehnsucht und meine Unfähigkeit, lebendiger zu werden. Meine Gottessuche bringe ich damit auf den Punkt. Meine Ermutigungen, bewusst einen spirituellen Weg zu gehen, leben auf diesem Fundament.

Vor sieben Jahren war ich gezwungen, meine Arbeit als Jugendseelsorger aufzugeben. Burn-out! Ich war völlig erschöpft. Zu sehr definierte ich mein Leben allein durch mein Tun, meine Leistung. Zu sehr suchte ich außerhalb, was schon seit meiner Geburt in mir angelegt ist: die göttliche Quelle, die meinem Leben Sinn gibt.

Vor allem Tun den Himmel in mir entdecken! Wie ist das möglich? Wie kann eine solche Wandlung geschehen? Wie vertrauen, dass ich durch mein So-Sein, mein Bei-mir-Sein angenommen und geliebt bin?

Im Wachhalten dieser Fragen liegt die Spur zur Lebendigkeit. Da, wo ein für allemal alles klar ist, da verliere ich meine Beweglichkeit, meine Offenheit, mich alltäglich von Gott berühren und bewegen zu lassen. Ich möchte mitteilen, welche Schritte ich gegangen bin, um diese Hoffnung zu verwirklichen in meinem Leben. Ich möchte mitteilen, welche Spur sich bei mir durch die vielen Begegnungen mit suchenden Menschen abzeichnet. Denn dies ist die erste wohltuende Erfahrung, die ich machen durfte: Ich bin nicht allein mit meiner Sehnsucht und meinem Schmerz. Als ich vor sieben Jahren in meinem Buch *Vom Unbegreiflichen ergriffen. Mystische Lebenserfahrungen* erstmals von meiner Not sprach, war die Angst vor Ablehnung sehr groß. Noch einige Wochen vor dem Erscheinen des Buches wollte ich beim Verlag den Druck stoppen. Panik ergriff mich. Wer wird noch mit mir reden? Werde ich noch für Kurse und Begleitgespräche angefragt, wenn ich selber so viele Fragen habe? Wird mein Freundeskreis mich verstehen, wenn ich von meiner Verunsicherung, meiner versteckten Ohnmacht, meiner Verletztheit spreche?

Das Gegenteil meiner Befürchtungen trat ein. Aus dieser Krise entstand ein offenes Klosterprojekt für suchende Menschen jedes Alters. Frauen und Männer, die mit ihrer Hoffnung, lebendiger werden zu können, nicht länger alleine bleiben wollen. In unserer christlichen Tradition geht es immer noch darum, die Selbstliebe hinein zu holen in die Spiritualität. Dies ist weder ein Egotrip noch Luxus von Menschen in den westlichen Industrieländern (obwohl eine solche Einseitigkeit entstehen kann). Denn es geht nicht darum, eine individualisierte Innerlichkeit zu fördern, sondern um die Grundlage dafür, klarer, selbstbewusster, entschiedener im Leben zu sein. Letztlich ist dies ein hochpolitischer Akt! Politisch sein verstehe ich vom griechischen Ursprung des Wortes her, die Stadt betreffend – das heißt, es geht um meine unmittelbare Umgebung, die in einem größeren Zusammenhang gesehen werden muss. Darum fängt für mich Politik beim Zähneputzen an: wie viel Wasser ich dabei fließen lasse, wo ich meine Zahnbürste einkaufe, wie ich mit der Verpackung umgehe – das sind für mich politische und zugleich spirituelle Fragen. Denn auch in der Spiritualität geht es um die Frage nach dem Ganzen. Antwortversuche finde ich in den kleinen alltäglichen Lebensvollzügen, im Einüben eines bewussten Lebensstils. (…)

Den Weg zu mehr Lebendigkeit gehen wir jedoch nicht in wenigen Wochen. Die Erkenntnis, eine andere Motivation als Leistung, Autoritätsgläubigkeit oder Fremdbestimmung für die eigene Lebensaufgabe zu finden, kann sich nur in der tiefen Annahme unserer selbst, unserer Gaben und Grenzen, unserer Geschichte ereignen. Unsere Gesellschaft braucht in ihren sozialen, wirtschaftlichen, kulturellen, politischen und spirituellen Dimensionen Menschen, die vorerst den Himmel in sich selber entdecken und sich entfalten lassen. Um dann aus dieser inneren Freiheit heraus mutig die Würde eines jeden Menschen und die Achtung vor der ganzen Schöpfung hochzuhalten. Erste Schritte auf diesem Weg zur Menschwerdung fangen für mich beim Da-sein an. Denn Menschsein, Ich-selbst-Sein ereignet sich, wenn ich mich freue an meinen Gaben und wenn ich lerne, meine Grenzen anzunehmen. Beides ist wichtig, um ich selbst zu werden und meine Lebensaufgabe entfalten zu können.

Zu mir stehen

Mit beiden Füßen
auf dem Boden stehen

Dich Gott als Grund
der trägt erfahren

Mit jedem Atemzug
mich noch mehr
niederlassen
einlassen auf dich

Du trägst mich auch durch
wenn die Angst vom Fallen-gelassen-Werden
mich einholt

Du ermutigst mich
zu mir zu stehen
denn auch in der Not
bist du bei mir
und befreist mich
NACH PSALM 91,15

Mit mir selber gut umgehen

Um gut mit mir selber umgehen zu können, muss ich Wohlwollen haben meinen Schwächen gegenüber. Etwas vom Schlimmsten, was wir Menschen uns antun können, ist die eigene Abwertung. Denn da entziehe ich mir selbst den Boden, meinen Standpunkt, und meine Lebenskraft bleibt blockiert. Gegen sich zu kämpfen, Krieg gegen sich selber führen, trägt bei zur Spirale der Gewalt und der Ausgrenzung. Ich kenne solche Momente, in denen ich viel zu hohe Ansprüche an mich habe, hart zu mir bin. Da meine ich, allein mit meinem Willen weiterzukommen. Dieses Gefangensein in sich kann die Hölle sein, weil ich mir und anderen etwas vormache. Ein Stück Himmel im Alltag sind da die Momente, in denen ich mir eingestehe, dass ich mich in diesem Bereich behindert fühle. Im Annehmen und Zeigen meiner Bedürftigkeit kann ich zutiefst spüren, was es bedeutet, menschlicher zu werden. Durch das Annehmen meiner Grenzen, meines Behindertseins bin ich zugleich all den ausgegrenzten Menschen nahe und kann mich als Partner, nicht von oben herab, in sie hineinfühlen. Hier ist auch die Spur, latenten Rassismus zu überwinden: Im Integrieren der fremden, noch unbekannten Seiten in mir kann ich mit weniger Vorurteilen auf Fremde zugehen und in diesen Begegnungen den Reichtum neuer Kulturen kennenlernen. Wir brauchen heute Menschen, die ihre Masken abziehen und uns ihr wahres Gesicht zeigen. (...)

Mich beeindrucken Menschen, die zu ihren Grenzen stehen und in ihren eigenen Abgrund hinuntersteigen. Ruedi Josuran und Verena Hoehne aus der Schweiz gehören zu ihnen. Beide sind erfolgreich tätig in der Medienbranche, beide leiden unter Depressionen. Er ist ein beliebter Radiomoderator, sie arbeitet vorwiegend als Moderatorin, Filmemacherin und Sprecherin beim Fernsehen. In ihrem Buch *Mittendrin und nicht dabei* schreiben sie einander Briefe, in denen sie vom Umgang mit der Krankheit erzählen.[1] So schreibt Ruedi: »Es kann also nicht darum gehen, meine Trauer und meine Schwermut wegzubringen, indem ich mir einrede: ich darf nicht traurig sein. Positives Denken hat bei mir nie funktioniert, obschon ich lange Zeit versuchte, es einzusetzen. Ich muss in meine Traurigkeit, in meine Gefühlsarmut hinuntersteigen, muss sie zulassen, zu Ende fühlen, dann kann es sein, dass sich das Ganze von selber verwandelt, dass ich auf dem Grund meiner Traurigkeit einen tiefen Frieden verspüre, und auf einmal entdecke ich die Tiefe des Daseins, das Leben, eine neue Quelle. Ich bin in Berührung mit dem Geheimnis des Lebens, des wahren Selbst. Wenn ich mich dem stelle, mich aussöhne mit meiner Situation, kann das Ganze eine Quelle von Kraft werden.«

Der Weg zu mehr Lebendigkeit führt durch die Durststrecken, durch das Aushalten meiner Ohnmacht. Jede und jeder muss selber ihren und seinen Weg finden durch diese Nacht. Doch wir können einander kraftvoll unterstützen, wenn wir das mitteilen, was möglich ist.

---

[1] Ruedi Josuran beendete 2007 seine Tätigkeit als Radiomoderator in der Schweiz, um als Coach Menschen in schwierigen Lebenssituationen zu begleiten, 2010 wurde die Stiftung Ruedi Josuran gegründet (www.stiftungruedijosuran.ch). Seit 2009 moderiert er die Sendung *Fenster zum Sonntag* (SRF zwei). Verena Hoehne verstarb am 25. Januar 2012. [Anm. d. Red.]

Liebevolle Zuwendung

Beim Aufstehen
Deine Gegenwart erahnen
dastehen
im Wahrnehmen des Atmens
Dein Entgegenkommen spüren
gerade stehen
aufrichtig werden
meine Grenzen annehmen
weil Du mich annimmst
auch in meinen schlaflosen Nächten

So kann ich
am Morgen Deine Zuwendung verkünden
und in den Nächten Deine Treue
jeden Morgen neu Ja sagen zu mir
im liebevollen Pflegen meines Körpers

Du
salbst mich mit frischem Öl
lässt mich meine Lebenskraft erleben
die mir ermöglicht mich für die Würde
aller Menschen ein- und auszusetzen
NACH PSALM 92,3.11

Befreiende Selbsterkenntnis

Erkenne dich selbst
finde den Zugang zu deinem inneren Brunnen
damit du nicht auf deine Mängel fixiert bleibst
sondern deine Entfaltungsmöglichkeiten entdeckst

Erkenne dich selbst
wage den Weg in deine eigene Tiefe
wo du erahnst was wesentlich ist im Leben
damit du Grenzen setzen kannst
zum Wohl der Gemeinschaft

Erkenne dich selbst
suche einen wohlwollenden Umgang mit dir
damit du in deinen Schwächen
jene Stärken erkennst
die dich befreiter im Leben stehen lassen

Erkenne dich selbst
lerne auszudrücken was du brauchst
um dich lösen zu können von dir selbst
im Erahnen wie du aufgehoben bist
in einem größeren Ganzen

Erkenne dich selbst
schaffe Distanz zu den Ereignissen
erfahre im tiefen Ein- und Ausatmen
den alles verbindenden Atem Gottes

Mein inneres Feuer entdecken

Vor dem Ende sprach Rabbi Sussja:
»In der kommenden Welt wird man mich nicht fragen:
›Warum bist du nicht Mose gewesen?‹
Man wird mich fragen:
›Warum bist du nicht Sussja gewesen?‹«
MARTIN BUBER

Schon als Kind wollte ich ein Buch schreiben. Doch ich habe es erst als 35-Jähriger getan, weil ich auf die Erlaubnis wartete. Ich ließ mich beeindrucken von Bemerkungen wie »Was bildest du dir ein?« oder »Es gibt genug ungelesene Bücher!« Erst als mein Körper rebellierte und meine Seele mit unehrlichen Vertröstungen nicht mehr zu beruhigen war, wagte ich mich dank der kraftvollen Unterstützung einer Arbeitskollegin an mein erstes Buch heran.

Meinen ganz eigenen Weg gehen

Endlich nahm ich mein inneres Feuer ernst und belebte es. Durch die Begegnung mit Mystikerinnen und Mystikern früherer, aber auch der jetzigen Zeit, und indem ich mein Verhalten mit Hilfe einer persönlichen Begleitung aufarbeitete, wurde mir klar, dass ich allein mir die Erlaubnis zum Schreiben geben kann. Denn wie Sussja bin ich aufgerufen, meine geschenkten Gaben zur Entfaltung zu bringen. Noch heute sitzt mir diese zugleich schmerzvolle und befreiende Erfahrung der Selbstwerdung im wahrsten Sinn tief in den Knochen. Darum habe ich mir während meiner 30-tägigen Schweigezeit einmal pro Tag laut die Geschichte von Sussja vorgelesen. Welch eine Wohltat: Tag für Tag zu hören, dass es das Wichtigste im Leben bedeutet, so zu werden, wie ich von meinem Schöpfer von Anfang an gemeint bin: sein Abbild.

In den letzten Jahren habe ich mir den Raum zum Schreiben geschaffen. Schreiben hat für mich eine heilende Wirkung, weil ich dadurch in allem Erlebten nach Sinn tasten kann. Schreiben ist für mich Gebet. (...) Einerseits beinhaltet dieses Zu-mir-Stehen viele beglückende Momente, in denen die Zeit nicht in meinen Händen liegt und die Worte noch weniger. Andererseits habe ich in diesem Prozess, in dem ich zu mir selbst gefunden habe, mich auch mehr wahrgenommen und angenommen als jemand, der begrenzt ist, der andere enttäuscht, der Prioritäten setzt und oft Nein sagt. Dieses Nein ist nicht gegen etwas oder jemanden gerichtet, sondern dient der Konzentration meiner Lebenskraft. Dies ist für mich ein politischer Akt: Unsere Gesellschaft verändert sich, wenn Menschen trotz aller wirtschaftlichen Zwänge mehr auf ihr inneres Feuer achten und sich nicht durch die Arbeit entfremden lassen.

Meine Erfahrung ist einmalig und verbindend zugleich. In vielen Gesprächen begegnet mir die schmerzliche Einsicht von Menschen, die auf einmal meinen, ihr Leben verpasst und ihre tiefsten Wünsche nie verwirklicht zu haben; dass es Wünsche und Träume gab, die sich ihnen in verschiedenen Lebenssituationen gezeigt haben, ohne eine Resonanz zu finden. Der Mystiker Thomas Merton ermutigt, sich den lebensfördernden Fragen zu stellen, in welchem Lebensabschnitt auch immer: »Wenn du mich kennen willst, frag nicht, wo ich lebe; oder was ich gern esse; oder wie ich mein Haar kämme; sondern frag mich, wofür ich lebe, genau im Einzelnen, und frag mich, was nach meiner Meinung mich davon abhält, völlig für die Sache zu leben, für die ich leben will.«

Es ist nie zu spät, Schritt für Schritt das zu verwirklichen, wofür ich zutiefst leben möchte. Der schwedische Regisseur Ingmar Bergman sagt, »dass das Leben nur die Bedeutung hat, die man ihm selber zumisst. Das ist an und für sich nichts Besonderes, aber für mich war es eine große Entdeckung«. Darum geht es im Leben: dem, was ich zutiefst spüre, die Bedeutung und das Gewicht zu geben, das es braucht, um ihm schließlich Ausdruck verleihen zu können. Wenn ich auf diesem Weg Verbündete suche, werde ich erstaunt sein, wie sich mir neue Perspektiven eröffnen. Allerdings braucht es dazu beharrliche Geduld. Denn es ist gar nicht so einfach, in der Fülle der Möglichkeiten, die uns heute in unserer konsumorientierten Welt angeboten werden, die eigene Einmaligkeit zu fördern. Das Horchen auf meine innere Mitte, auf die Stimme des Herzens kann mir wegweisend sein.

Mein Licht leuchten lassen

Mein Licht
nicht mehr länger verstecken
es leuchten lassen
wie es die Kinder tun

Mein Licht
in die Mitte stellen
zu meinen Gaben stehen
darin meine Lebensaufgabe erkennen

Mein Licht
hinscheinen lassen
in dunkle Situationen von Verzweiflung
und Ungerechtigkeit

Mein Licht
erkennen in den gesegneten Kerzen
die zum Symbol werden
für weltweite Verbundenheit der Menschen

Mein Licht
ist nicht mein Licht
sondern Ausdruck
des göttlichen Lichtes

Im Einklang mit mir selber

Unsere Welt braucht Frauen und Männer, die wagen, aus der Tiefe ihrer Lebendigkeit zu leben. Dies gelingt, wenn ich authentisch im Einklang mit mir selber lebe, mit meinen hellen und dunklen Seiten, mit meiner Lebenskraft und meiner Verletzlichkeit. Lebendig wird, wer sich von der Überzeugung verabschiedet, das Leben im Griff haben zu können. Es ist immer im Werden, im Lachen und Weinen, in Konfliktfähigkeit und Versöhnung, in Nähe und Distanz.

Mein einmaliger Klang ist gefragt in der großen Melodie des Lebens.

Meine schöpferische Lebenskraft

Heute
bringe ich mich ein
mit meiner schöpferischen Lebenskraft
mit meinem einfühlsamen Mitgefühl

Heute
wachse ich über mich selber hinaus
bin offen für spontane Begegnungen
setzte mich ein für mehr Menschlichkeit

Heute
erinnere ich mich
wie ich Teil eines Ganzen bin
aufrecht zwischen Himmel und Erde
eingebunden in Schöpfung und Kosmos

Zum Leben ermächtigt

Sich nicht blenden lassen von Menschen
die besondere Macht haben
einander ermächtigen
die geschenkte Lebenskraft zu entfalten

Sich selber nicht verlieren
in der Begegnung mit Autoritäten
Wünsche und Sehnsüchte
nicht mehr auf andere projizieren

Ich selbst werden
so wie ich von Anfang gemeint bin
Menschwerdung
wenn mein Dunkel erhellt und angenommen wird
und ich mich nicht mit anderen vergleiche
sondern mein Leben in die Hand nehme
erahnend dass es längst
in der Hand Gottes ist

Gottes Handeln heißt
ich bin da
aus diesem Zuspruch immer wieder neu
einfach da sein

Selbstvertrauen stärken

In der biblischen Tobitgeschichte steht eine wegweisende Episode zum Umgang mit Druck. Tobias begibt sich auf eine schwierige Reise, und er sucht und findet einen Begleiter, der ihn unterstützen wird bei den Gefahren, die auf ihn warten. Unterwegs, beim Baden im Meer, kommt ein großer Fisch auf Tobias zu. Sein Begleiter verlässt das sichere Ufer nicht, sondern bestärkt Tobias in seinem Selbstvertrauen. Er ruft ihm zu: »Ergreife den Fisch und lass ihn nicht los!« (Tobit 6,4)- Der Begleiter löst die Probleme des Tobias nicht für ihn – und erst im Nachhinein gibt er sich als der Engel Rafael zu erkennen. Er traut Tobias zu, sich wehren zu können, und bestärkt ihn darin, zuzupacken. – Ich sehe in dem Fisch auch das Ungreifbare, das Undefinierbare im Leben. Bevor wir es (los-)lassen können, müssen wir uns darauf einlassen. Mit zunehmendem Druck brauchen wir jemanden von außen, der uns bestärkt, uns den Problemen zu stellen, um darin einen Schlüssel für mehr Lebensqualität zu entdecken. Beim bewussten Annehmen von Hilfe können wir die Angst überwinden, dadurch Unabhängigkeit zu verlieren. Sich bei zunehmendem Druck Hilfe zu holen, ist für mich kein Zeichen von Schwäche, sondern von Stärke, von gesunder Selbsteinschätzung. Hilfe zur Selbsthilfe bedeutet außerdem: sich Formen, Übungen, Rituale im Alltag zu schaffen, in denen es gelingt, auf die innere Stimme in sich zu hören. Sie bestärkt: »Hab Vertrauen, pack zu, es wird dir gelingen!« Hilfe annehmen zu können, sein Selbstvertrauen zu stärken, führt dazu, sich dem Leben stellen zu können, wie ich das in der folgenden Meditation entfalte:

Nimm dein Leben in die Hand
ergreif die Gelegenheit
lass dich ermutigen
durch Menschen
die selber einen Weg
in den eigenen Abgrund gewagt haben

Nimm deine Geschichte an
was vergangen ist
versuche zu lassen
damit du
augen-blicklich
dein Leben neu gestalten kannst

Zumutung und Verheißung zugleich

Pack auch das Unangenehme
Undefinierbare
Unbegreifliche
im Leben an
damit du daran wachsen und reifen kannst
weil Gott sich auch in den Widersprüchlichkeiten
deines Lebens neu ereignet
auch als Engel Rafael

Der Kraft des Engels trauen

Trau
dem Engel der Ehrlichkeit
der dich auf dich selbst zurückwirft
damit du dir und anderen nichts mehr vormachst
was dir zutiefst widerspricht

Trau
dem Engel der Leichtigkeit
der deinen Handlungsspielraum weitet
damit deine Kreativität wachsen kann
und eine heilvolle Atmosphäre entsteht

Trau
dem Engel der Beharrlichkeit
der dein inneres Feuer nährt
damit Solidarität und Toleranz spürbar werden

Trau
dem Engel der Sinnlichkeit
der uns zur wohltuenden Zärtlichkeit berührt
zum Genießen all der Früchte der Schöpfung

Voller Macht im Leben stehen

»Macht« war für mich jahrzehntelang ein negativ besetztes Wort. Bis ich im Meditieren längst bekannter Evangelientexte auf einmal wahrnahm, dass Jesus mit Vollmacht, mit voller Macht lehrte und wirkte. Seitdem versuche ich, einen differenzierten Zugang zur Macht zu finden. Das braucht Zeit, wie jeder Verwandlungsweg. Macht muss nicht mit Dominanz und Machtmissbrauch identisch sein. Die Gefahr dazu besteht, weil sich in allem, was Menschen zum Wachsen und Reifen an Gaben und Fähigkeiten zur Verfügung steht, eine Ambivalenz zeigt. Diese Ambivalenz nicht zu überspielen oder zu verdrängen gehört zur Wahrhaftigkeit, zum befreienden Miteinander, gerade im Umgang mit Macht.

Niemand kann leben ohne die ihm geschenkte Lebensmacht und Lebenskraft, vom Schöpfer zur Entfaltung anvertraut. Darum beinhaltet ein spiritueller Umgang mit Macht das Freilegen, die Transparenz dieser Kraft. Gut gemeinte, vor allem kirchliche Aussagen, dass wir keine Macht haben, sondern allein zum Dienen da sind, erschweren leider einen befreienden Umgang mit Macht. Der österliche Weg, der inspiriert ist von der Lebenspraxis Jesu, ermutigt hingegen, aufzustehen und zur eigenen Lebensmacht zu stehen. Natürlich immer in der Grundhaltung, dass alle Talente, die Menschen anvertraut sind, geteilt werden möchten. Nur geteilte Macht dient der Gemeinschaft, der Solidarität, dem wahren Glücklichsein. Teilen kann ich aber nur, was ich in mir zutiefst angenommen habe. Indem ich während der Fastenzeit ein besonderes Augenmerk auf meinen Umgang mit Macht richte, kann ich den Kreuz- und Auferstehungsweg Jesu in meinem Leben erneuern. Folgende Gedankenanstöße können mir dabei wegweisend sein:

Ohne Macht kann ich nicht leben. Wie gehe ich um mit meiner Macht? Was liegt wirklich in meiner Macht? Was tut mir gut im Entfalten meiner Lebensmacht? Wo spüre ich darin die Ambivalenz? Wo begegne ich den Schattenseiten, meine Macht zu leben? Wie transparent und mitteilsam ist die Macht in meinen Beziehungen?

Folge dem Stern

Folge dem Stern
traue deiner Intuition
die dich entschiedener werden lässt

Folge dem Stern
der dich zusammenführt mit andern
die die Menschenfreundlichkeit Gottes
in allen Dimensionen des Lebens suchen

Folge dem Stern
der deine dunklen Seiten erhellt
im wohlwollenden Blick der Verwandlung

Folge dem Stern
der Menschen verschiedener Kulturen
zur Begegnung beim Essen und Trinken führt

Folge dem Stern
der deinen Hunger und Durst nach Gerechtigkeit
weiterträgt in dein soziales Engagement

Folge dem Stern
der dich an deine königliche Würde erinnert
sie entlastet dich davon
dir und andern etwas beweisen zu müssen:
du darfst sein wie du bist

II.

Der Verwandlung trauen

Segen des Aufbruchs

Gesegnet sei dein Dasein

Gesegnet sei dein Weg
Monat für Monat
mit all seinen klaren Spuren
und all seinen Verunsicherungen

Gesegnet seien deine Schritte
Woche für Woche
mit all ihrer Lebenskraft
und all ihrer Zerbrechlichkeit

Gesegnet sei dein Mitsein
Tag für Tag
in all deinen Lebensvollzügen
und all deinen Begegnungen

Gesegnet sei dein Dasein
Stunde für Stunde
in all deinem engagierten Wirken
und im lebensnotwendigen Innehalten

Gesegnet sei dein Jahr
in jedem Augenblick

Die Zeit der Verwandlung

Frühlingszeit ist Verwandlungszeit: Erstarrtes, Eingefrorenes erwacht zu neuem Leben. Alle Frühlingsfeste in allen Religionen erzählen von diesem Übergang von Totgesagtem zu neuem Leben. Viele Märchen wissen von der Verwandlungskraft, die ganz tief in der Schöpfung und in uns Menschen angelegt ist. In der christlichen Tradition ist es das Ostergeschehen, das von dieser Lebenskraft erzählt, von der Fähigkeit, an Krisen wachsen und reifen zu können. Diese Verwandlung ist allerdings nur möglich, wenn ich wage anzuschauen, was meine Lebensenergie blockiert und erstarren lässt. Indem ich meine durchkreuzten Hoffnungen wahrnehme, im Klagen und Mitschreien, geschieht Verwandlung zu neuem Leben. Ich bin herausgefordert, durch meinen Schmerz hindurchzugehen. Als kleiner Junge hatte ich im kalten Winter oft eingefrorene Finger. Der Prozess des Einfrierens geschah zunächst fast unmerklich, meine Bewegungsfreiheit war zwar eingeschränkt, doch sogar damit ließ es sich gut spielen im Freien. Unglaublich schmerzvoll war dann die Erfahrung des Auftauens. Die heilende Wärme, die im geheizten Zimmer meine Fingerspitzen wieder belebte, ließ mich laut aufschreien – so weh tat es, so groß war der Schmerz. Diese wiederkehrende Erfahrung hat sich mir bis in die Fingerspitzen eingeprägt und mir einen Zugang zum Schweren im Leben eröffnet. Schmerz und Leiden müssen nicht gesucht und dürfen auf keinen Fall verherrlicht werden. Zugleich gibt es oft keine echte Heilung, keine Verwandlung ohne Schmerz, ohne den Übergang vom Dunklen zum Licht. C. G. Jung spricht davon, wenn er den Selbstwerdungsweg als andauernde Verwandlung sieht. Der Übergang vom Leiden zu neuem Leben wird im christlichen Deutungsversuch mit dem Bild des Hinabsteigens in die eigenen Abgründe, in das »Reich des Todes« verdeutlicht.

Verwandlung geschieht in mir, wenn ich meine Gefühle nicht mehr bewerte, sondern sie wahrnehme, um sie dann gestalten, integrieren und verwandeln zu können. Auch in meinen Schattenseiten verbirgt sich eine tiefe Lebenskraft, die erlöst werden möchte. Erlösung und Verwandlung geschieht, wenn ich mich von der Vorstellung löse, vollkommen sein zu müssen. Ein spiritueller Mensch ist eine Frau, ein Mann, die oder der sich wie jedem Menschen Verwandlung zugesteht. Es liegt ihr die Erkenntnis zugrunde, dass ich meine Mitmenschen nicht ändern kann: Das ist keine fatalistische Aussage, sondern eine realistische Hoffnungsperspektive. Meine Beziehung zu den andern verwandelt sich, wenn ich in mir einen anderen Zugang zu ihnen finde. Die Verwandlungskraft des Frühlings verstärkt in mir dieses Vertrauen in das Gute in allen Menschen. Im Frühling spüre ich deutlicher als in anderen Jahreszeiten diese unbändige Lebenskraft, die mir hilft zu glauben, dass alles gut wird.

Verwandlung
ist dir verheißen
eine Spur zeigt sich dir
die hinausführt aus Ohnmacht und Verlorenheit
zu deiner inneren Kraft

Verwandlung ist dir zugesagt
eine neue Lebenserfahrung öffnet sich dir
die befreit von dem Irrtum
alles unter Kontrolle zu haben

Verwandlung ist dir versprochen
ein Weg in die eigene Tiefe
wo du einfach sein darfst
in Stärke und Verletzlichkeit

Verwandlung durch Leidensdruck

Immer wieder fragen Menschen mich, ob Verwandlung denn nur durch Leiden und Krise entsteht. Ich hoffe nicht. Vielleicht ist es so: Verwandlung geschieht oft auch deshalb erst durch einen Leidensdruck und ein inneres Gedrängtsein, weil wir die Einladungen unserer Seele zu lange nicht wahrgenommen haben. Zugleich werden wir auch durch die Kraft der Liebe, des Anerkannt- und Angenommenseins verwandelt und erlöst von der Allmachtsfantasie, alles selbst machen zu müssen. Ich meine, dass immer beide Seiten zu unserem Wachstum gehören. Wir werden zu uns selbst verwandelt durch Begegnungen, durch ein Angerührtsein von Worten und Gesten, durch die Gabe der Versöhnung – und zugleich durch ein schmerzvolles Ringen und Kämpfen. Wir sollen das Leiden nicht suchen und schon gar nicht verherrlichen. Doch alle großen Lebensweisheiten in allen Religionen eröffnen uns eine Spur, auch im Leiden, in Momenten der Verzweiflung erlöst werden zu können von der Angst, allein auf uns selbst angewiesen zu sein.

Manchmal sind wir so verfahren und gefangen, dass wir nur eine mögliche Lösung sehen – eine Einbahnstraße, die in Resignation und Frustration lähmt und isoliert. Wirkliches Leben ist anders. Es gibt immer eine Fülle von Lösungsansätzen, weil wir auch mit unerwarteten, neuen Perspektiven rechnen dürfen. Doch je mehr wir uns dieser Weite des Herzens verschließen, umso größer wird unser Leidensdruck. Zu den härtesten Erfahrungen des Lebens gehört für mich, annehmen zu müssen, dass wir einander nur begrenzt helfen können. Wenn jemand sind nicht helfen lassen will, ist es sehr hart, die Ohnmacht zuschauend auszuhalten. Wenn jemand im Sumpf der Sucht oder Gewalt steckt, dürfen wir uns auf keinen Fall zu sehr mit hineinziehen lassen. Not-wendend ist eine gesunde Distanz. Wenn jemand keine Bereitschaft zeigt, konkrete Schritte zur Veränderung wahrzunehmen oder zu gehen, drücke ich diese Situation mit folgenden Worten aus: »Die Situation ist lebensbedrohend, doch paradoxerweise ist es für den Betroffenen scheinbar noch nicht schlimm genug, um wirkliche Veränderungen anzugehen.« Es sind Worte, die ich nicht aus Fatalismus oder Zynismus spreche, sondern aus tiefer Einsicht, dass wir einander nicht zum Glück zwingen können. In einem solchen Fall dürfen wir nicht die ganze Schuld auf uns nehmen – wohl wissend, dass Menschen einander immer etwas schuldig bleiben. Es gehört dazu, zu lernen, den anderen oder die andere lassen zu können – nicht weil er oder sie mir nichts mehr bedeutet, sondern um bei der Sucht nicht mitzumachen, um nicht co-abhängig zu werden und in ein unüberschaubares Ohnmachtsspiel zu geraten. Für religiöse Menschen bedeutet das, einen Menschen Gott zu überlassen. Gott, der nicht außerhalb von allem ist, sondern mittendrin in diesem Schmerz. Gerade so kann ich Hoffnung auf heilende Kräfte haben.

Vertrauen in die Verwandlungskraft

Ich wünsche dir
das Vertrauen in deine Verwandlungskraft
damit du neu aufblühen kannst
in deinen Beziehungen und deinem Berufsalltag

Ich wünsche dir
die Gabe der Entschiedenheit
damit du mit neuer Lebendigkeit
Erstarrtes aufweichen lassen kannst

Ich wünsche dir
die wohlwollende Aufmerksamkeit
damit du dich mit allen Sinnen freuen kannst
über die großen Wunder in der Schöpfung

Ich wünsche dir
die beharrliche Geduld
für das gemeinsame Wachsen und Reifen
im Annehmen der Verschiedenheit

Aufbruch aus der Krise

Als Zwanzigjähriger bin ich in den Lehrerorden des heiligen Jean-Baptiste de La Salle (1651-1719) eingetreten und habe meine ersten spirituellen Lehrlingserfahrungen (Noviziat) gemacht, immer im konkreten Kontakt zu Jugendlichen. Bis heute ist mir dies ein zentrales Anliegen: Spiritualität in der Auseinandersetzung mit dem Leben in seiner ganzen Vielfalt, seiner Faszination und Widersprüchlichkeit, eben im Alltag zu leben und zu vertiefen. Nach vier Jahren spürte ich, dass mein Leben mich weiterführt und ich nicht Lehrer werden sollte. Zugleich machte mir schon damals die Überalterung des Ordens zu schaffen. So erneuerte ich mein Versprechen im Orden nicht mehr und fing 1978 das Theologiestudium in Luzern an. Dies in der Optik eines Jean-Baptiste de La Salle, die Option für die Jugend zu ergreifen, das Theologiestudium aus der Sicht der Jüngsten, der Kinder und Jugendlichen zu absolvieren - mit dem Ziel, Jugendseelsorger zu werden. 1985 bin ich von Bischof Otto Wüst zum Priester geweiht worden, als Diözesanpriester des Bistums Basel.

Sieben Jahre danach geriet ich in eine große, innere Not. Physisch, psychisch und spirituell war ich am Ende meiner Kräfte. Ich hatte mich zu sehr verausgabt, grenzenlos gelebt, weil ich mein Begrenztsein nicht annehmen wollte. Eine wochenlange Schlaflosigkeit, gegen die ich ohne Erfolg vehement ankämpfte, verstärkte meinen Leidensdruck Tag für Tag.

In dieser verzweifelte Situation erinnerte ich mich in einer dieser schrecklichen, schlaflosen Nächte an eine Postkarte von Fontaine-André, die ich als Internatsschüler meinen Eltern gesandt hatte: »Es ist nicht normal, dass wir an einem so wunderschönen Ort nur schlafen!« In den dunkelsten Stunden meines Lebens kam mir ein unscheinbares inneres Bild entgegen: das Bild der Quelle von Fontaine-André, die seit Jahrhunderten bis heute fließt, um uns Menschen an unsere innere Quelle zu erinnern. In meiner Schlaflosigkeit weckte diese Postkarte in mir die Sehnsucht, an jener Quelle meinen Schlaf wieder finden zu können. Obwohl mir viele Mitmenschen – auch meine besten Freunde – abgeraten hatten, zurück nach Neuchatel und Fontaine-André zu gehen, war ich, ohne zu wissen warum, angezogen von diesem »Zurück zur Quelle«. Vorgesehen waren einige Monate, und am Ende war ich zehn Jahre dort! Ich kam, um mich zu erholen – und ich konnte mich nicht erholen von diesem Ort!

In jener schwierigen Umbruchsituation habe ich die Würde des Begrenztseins erfahren. Ich selber wusste nicht mehr weiter. Auch die Frères, von denen viele sechzig Jahre und älter geworden sind, fragten sich, wie dieser Ort eine Zukunft haben könnte. Aus dem Teilen und Aushalten dieser Not ist unser »offenes Kloster« entstanden. Zu dritt haben wir angefangen. Uns war von Anfang an klar, dass wir sehr eingeschränkt agieren mussten und nichts Besonderes möglich sein würde. Glücklicherweise sahen wir immer mehr die Stärke dieser Schwäche: Da sein genügt!

Diese Lebensweisheit verband uns. Es wurden zehn Personen, die in Fontaine-André miteinander lebten, um zu arbeiten, beten, essen und trinken, streiten und hoffen. Alle vom Kernteam – Frauen, Männer, Verheiratete, Brüder, Schwestern, Priester – hat diese aufrichtende Erfahrung verbunden, einen scheinbar ausweglosen Weg auszuhalten und zu teilen, um aus dieser Begrenztheit eine neue Lebens- und Glaubensperspektive zu finden. Die drei *Stagiaires* – junge Erwachsene, die einige Monate mit uns leben und arbeiteten – bestärkten uns, die Glut dieser Einfachheit zu hüten, weil uns allen dadurch Hoffnungsfunken geschenkt werden. (...)

Durchbruch und Krise

»Wenn du erfährst, dass dich etwas in Einklang mit deinem innersten Wesen bringt, so ist es die richtige Wahl«, sagt der Psychiater Daniel Hell: Dem Leben zu begegnen, ohne zuerst zu werten und zu beurteilen, sondern wahrzunehmen, das ist die Grundlage für alle Menschenrechte. Sie konkretisieren sich, indem ich mir und meiner Geschichte, meinen Charakterzügen, meiner Sozialisation gerecht werde; besonders in den Momenten, in denen ich mich selber nicht verstehe.

Im Frühjahr 1998 habe ich dies tiefgreifend erfahren. Es war die Zeit des lang ersehnten Erfolges. Mit dem Buch *Alltagsrituale* gelang mir der sogenannte Durchbruch. Ein Bubentraum ging in Erfüllung! Ich wurde endlich, was ich längst schon war: Autor. Ein tiefer Urwunsch fand sein Echo: anerkannt zu sein. Ich war glücklich und konnte dies auch genießen. Im Vordergrund stand für mich nicht die jahrelange, intensive Arbeit, sondern vielmehr die geschenkte Gabe meines Schreibens, die durch viele Begegnungen genährt wurde und wird. So hatte ich mir den Durchbruch vorgestellt. Dass aber neben dem Glücksgefühl noch etwas anderes durchbrechen wollte, konnte ich mir nicht vorstellen. Als die Stagiaires – die jungen Erwachsenen, die einige Monate in unserem offenen Kloster mitlebten – zum Fest des Erfolges mir ein Lied mit dem Titel »Der spirituelle Umgang mit dem Erfolg« komponierten, lachten alle, ich auch. Ganz tief in mir erahnte ich aber, was da auf mich zukam. Ein undefinierbarer Schmerz breitete sich in mir aus, ein innerer Schrei. Der Erfolg überhäufte mich nicht nur mit vielen bestärkenden Echos, sondern er forderte in mir Unerlöstes ein: die große Sehnsucht, mich auch im Scheitern gern zu haben und lieben zu lassen.

Ein Durchbruch also, wie ich ihn nie erwartet hätte. Widersprüchliche Gefühle in mir, die ich lange Zeit nicht orten und zu denen ich nicht stehen konnte. So erfuhr ich eine große Diskrepanz zwischen dem Außen, den vielen gelungenen Lesungen zum Beispiel, und dem Innen, einsam in vielen schlaflosen Nächten. »Was willst du denn? Jetzt hast du den lang ersehnten Erfolg und bist doch nicht zufrieden! Wie undankbar du bist!«: Das waren jene inneren Appelle, die mich zu alten destruktiven Mustern führten, zur Selbstzerfleischung. Voll Leidenschaft sprach ich an vielen Abenden vor Hunderten von Menschen vom »Anerkannt-Sein vor aller Leistung«, und genau dieselben Worte lösten einen großen Schmerz in mir aus: Glaube ich sie wirklich? Fünf Jahre nach meiner großen Lebenskrise wehrte sich wieder alles in mir, erneut denselben Fragen nachzugehen, schon gar nicht bei der Ankunft am Ziel!

Heute sehe ich das anders. Durch den Erfolg war ich gestärkt, noch einmal aus meiner Tiefe hervorzuholen, was noch nicht geheilt ist. Keine sinnlose Wiederholung also, sondern ein heilsames, erneutes Hervorholen. Das wird meine Not wenden. Wie die Spannung zwischen meinen Ich-Idealen und meinem Schatten annehmen? Dieses Lebensthema begegnet mir – und ich denke vielen Menschen – in verschiedenen Lebensphasen. Darum ermutigt uns der Tiefenpsychologe und Pfarrer Jean Monbourquette dazu, den eigenen Schatten zu umarmen: »Jeder Mensch erlebt im Laufe seines psychischen und spirituellen Wachsens und Reifens irgendwann, dass er von Gefühlen und Empfindungen in Beschlag genommen wird, die ihm nicht akzeptabel erscheinen, sowie von starken instinktiven und irrationalen Antrieben. Daher muss er es lernen, ihnen weder freien Lauf zu lassen noch sie zu verdrängen. Er muss ganz einfach wahrhaben, dass diese Regungen Bestandteil seiner inneren Dynamik sind, und sie annehmen, statt sie ganz und gar von sich weisen zu wollen. Mit dieser Haltung des Annehmens vermeidet er sowohl ihr hemmungsloses Ausbrechen als auch ihr Verdrängtwerden, was im Übrigen ganz der Lehre der Zen-Philosophie über den Umgang mit der Wut entspricht: Sie lehrt, man solle sich dessen enthalten, aus dem Impuls der Wut heraus zu handeln, sie jedoch durchaus zulassen, statt sie zu verdrängen. Wenn man sie stehen lässt und ihr zuschaut, kann man sie am ehesten zähmen« (J. Monbourquette, *Umarme deinen Schatten*).

Alleine ist dies kaum möglich. In der Psychotherapie und in der spirituellen Begleitung erlebe ich zum Beispiel einen Schonraum, wo Verhärtetes aufweicht und ich die Angst vor meiner Wut verlieren, sie ausdrücken kann, ohne sie direkt gegen jemanden zu richten. Dieser Durchbruch war also bei mir angesagt. Einmal mehr: mich annehmen mit Licht und Schatten und nicht erstaunt sein, dass sich beim Erfolg auch das Lebensthema des Scheiterns meldet. Beidem in mir kann ein Platz gegeben werden. Zugleich spüre ich, dass noch tiefer in mir ein heiliger Raum liegt, wo mich all die Erwartungen nicht erreichen, sondern ich sein darf mit Macht und Ohnmacht. Dieses Vertrauen festigte sich bei mir ein Jahr danach in 30-tägigen Schweigeexerzitien. Ich musste nochmals durch den Schmerz hindurch. Es hat sich gelohnt.

Meine Wachstumschance sehen

Den schwachen Seiten
meines Lebens nicht ausweichen
sie bewusst vor meinen Augen halten
um sie Gott zu überlassen

Nullpunkte in meinem Leben
nicht überspielen und verdrängen
sondern als Wachstumschance sehen
Zeiten des Neuanfangs

In meinen Schwächen die Stärken entdecken
in meinen Stärken die Schwächen
hineinwachsen ins Urvertrauen
vor allem Tun angenommen zu sein

Vertrauensworte

Da sprach Gott zu Mose:
Ich bin der Ich-bin!
EXODUS 3,14

Der italienische Film *Die Hausschlüssel – Le chiavi di casa*, der im September 2004 auf dem Filmfestival von Venedig vorgestellt wurde, nimmt mich mit auf die Reise eines Vaters mit seinem 15-jährigen behinderten Sohn Paolo. Die 19-jährige Mutter von Paolo stirbt bei seiner Geburt. Sein Vater Gianni ist so erschüttert, dass er es nicht schafft, sein behindertes Kind zu sehen; die Familie seines Bruders nimmt es auf. Nach 15 Jahren wagt nun Gianni eine erste Begegnung mit seinem Sohn. Er begleitet ihn auf seiner Reise von Mailand in eine Spezialklinik nach Berlin. Eine schmerzvoll-befreiende Annäherung gelingt. Paolo hilft seinem Vater, seine verdrängte Geschichte aufzuarbeiten. In alltäglichen Erfahrungen lernen beide, ihre Behinderung anzunehmen. Diese heilsame Erfahrung verdichtet sich im Moment, wo der Vater seine Tränen nicht mehr zurückhalten kann und weint und weint. Paolo tröstet ihn mit den Worten: »Weine nicht, ich bin ja bei dir.«

Ich will den Regisseur Gianni Amelio für nichts vereinnahmen, doch ich bin berührt von diesem zutiefst menschlichen Film, der ohne falsches Pathos einen Weg der Befreiung aufzeigt. Ich bin beglückt, weil ich in dieser Geschichte das Ur-Credo des Volkes Israel entdecke, das sich auch in meinem Leben ereignen kann. Die Zusage nämlich, dass es nie zu spät ist, um aufzubrechen aus der Gefangenschaft der inneren Selbstentfremdung. Ein Weg aus der Wüste der Entwurzelung ist möglich. Ein neues Land, eine neue Lebensqualität eröffnet sich. Da begegne ich den Durststrecken, den Zweifeln und zugleich den Sternstunden und Oasen der Hoffnung. »Ich bin ja bei dir« sind jene zeitlosen Vertrauensworte, die schon Mose erfahren hat in den brennenden Fragen seiner Zeit. Im Auf und Ab des Alltags offenbart sich Gott als Urgrund aller Beziehung, als tiefes Geheimnis. Gott ereignet sich immer wieder neu in der Kraft des Daseins, die Menschenwürde und Toleranz erfahren lässt.

Auf Gottes Nähe vertrauen

Als ich in einer persönlichen Krisenzeit meinte, Gott sei mir abhanden gekommen, und als mir beim Beten die Worte ausgingen und ich beim Feiern der Eucharistie um jede Silbe rang, da war die Begegnung mit der Mystik für mich die Befreiung zu einer neuen Lebendigkeit. Mystikerinnen und Mystiker rufen auf, sich selbst loszulassen und die andern, die Welt zu lassen, damit eine lebendige Beziehung zu allen Dingen – und das heißt zu Gott – jeden Tag erneuert werden kann. Mit scharfer Kritik wenden sie sich gegen eine Leistungsfrömmigkeit, die Gott haben und verwalten will. Sie bezeugen, dass wir Worte, Bilder und Symbole brauchen, um mitteilen zu können, was uns Menschen zutiefst bewegt; und doch gilt es, all dieses Reden dauernd zu hinterfragen. Meister Eckhart erlebe ich da von befreiender Schonungslosigkeit. Damit die Beziehung zu Gott, zu allem Lebendigen spannend bleibt, löst seine Mystik die Spannung des Redens mit und von Gott nicht auf, sondern fördert sie, damit sie echt bleibt:

»Gott um Gottes willen sein lassen, damit er mir bleibe« und »ich bitte Gott, dass er mich von Gott frei mache…« sind für mich zentrale Aussagen geworden in meinem Beten und Sein. Es lässt mich Gott nicht als fern erfahren und schon gar nicht als abstrakte, beziehungslose, höhere Macht, sondern als den ganz Nahen, als DU, das in jedem Du, in jeder Beziehung und zu allen Dingen spürbar ist. Davon spricht auch Meister Eckhart: »Der Mensch soll sich in keiner Weise je als fern von Gott ansehen, weder wegen eines Gebrestens noch wegen einer Schwäche noch wegen irgend etwas sonst. Und wenn dich auch deine großen Vergehen so weit wegtreiben, dass du dich Gott nicht als nah ansehen könntest, so sollst du Gott doch als dir nahe annehmen. Denn darin liegt ein großes Übel, dass der Mensch sich Gott in die Ferne rückt, ob nämlich der Mensch in der Ferne oder in der Nähe wandelt, Gott geht nimmer in der Ferne, er bleibt ständig in der Nähe, und kann er nicht drinnen bleiben, so entfernt er sich doch nicht weiter als bis vor die Tür.«

Auf Gottes Nähe vertrauen heißt, um die lebendige Beziehung zu allem zu ringen. Es ist ein Verwandlungsweg. In der katholischen Tradition feiern wir im Sakrament der Eucharistie diese Wirklichkeit, alles Erlebte, alles Wunderbare und Brüchige verwandeln zu lassen. In der lebensfördernden Erinnerung, dass Sterben und Leben, Lieben und Leiden, Hoffen und Zweifeln zum Leben gehören. Anselm Grün sieht zu Recht in jeder Christin, jedem Christen einen Wandler und eine Verwandlerin. Jeder und jede hat die Priesterwürde, »dass er Irdisches in

Himmlisches verwandle. Unser ganzes Leben ist eine beständige Wandlung von Geist in Welt und Welt in Geist, von Gott in Mensch und Mensch in Gott« (Anselm Grün, *Verwandlung*).

Diese Grundhaltung wird erfahrbar im alltäglichen Einüben der Kunst des Loslassens. Auf diesem Weg wird auch das Verbindende mit anderen Religionen und Kulturen erfahrbar. Thich Nhat Hanh schreibt: »Wir haben eine Vorstellung von dem, was Glück bedeutet. Wir glauben, nur unter bestimmten Bedingungen glücklich sein zu können. Aber oft ist es gerade diese unsere Vorstellung von Glück, die uns daran hindert, glücklich zu sein« (Thich Nhat Hanh, *Das Herz von Buddhas Lehre*).

Schritt für Schritt das Lassen einüben: im Entdecken und Pflegen des inneren Feuers in mir – und im Lassen dieser Vorstellungen. Im solidarischen Mitsein mit andern, im Fördern ihrer Rechte und Entfaltungsmöglichkeiten – und im Lassen dieser Vorstellungen. In der Erfahrung, Gefundene und Gefundener Gottes zu sein, im Entfalten einer persönlichen Glaubenssprache, auch im gemeinsamen Feiern – und im Lassen all dieser Vorstellungen: darin liegt die Spur zu engagierter Gelassenheit. Eine Gelassenheit, die alles Kostbare genießt im Leben und alles Schwierige zu verwandeln versucht und beides Gott überlässt, damit Leben in Fülle erfahrbar wird.

Gesegnet sei dein Aufbruch

Gesegnet sei dein Aufbruch
damit du Altes loslassen kannst
und zuversichtlich neue Schritte wagst

Gesegnet sei dein Suchen
damit du finden mögest
was du wirklich brauchst im Leben

Gesegnet sei dein Aufblühen
deine Knospen der Hoffnung
die sich vertrauensvoll öffnen werden

Gesegnet sei dein Engagement
Aufbruch für eine zärtliche Gerechtigkeit
die vielen Menschen Zuversicht schenkt

Gesegnet sei deine Lebenskraft
die sich in deinen Beziehungen entfaltet
auch in wohlwollender Konfliktfähigkeit

Gesegnet sei dein Dasein
im Genießen des Frühlings
es nährt dein Vertrauen ins Leben

Loslassen und Verwandlung erleben

Loslassen kann ich nur, was ich wahrgenommen, gefunden habe. Mystische Menschen muten uns zu, wir selber zu werden – »Gotteserkenntnis ist ohne Selbsterkenntnis nicht möglich«, sagt etwa Teresa von Ávila treffend. Der mystische Gedanke von der Ichlosigkeit, vom Aufgehen in einem größeren Ganzen lebt von der anspruchsvollen Entfaltung der eigenen Persönlichkeit. Die Ermutigung, nach innen zu schauen, mein inneres Feuer, das »Seelenfünklein« in mir zu entdecken, ist die Voraussetzung, um meine Lebensaufgabe in dieser Welt zu finden. Dabei geht es nicht um narzisstisches Kreisen um sich selber, sondern um das Entdecken der eigenen Talente und Gaben, die zum eigenen Wohle und zum Wohle der Gemeinschaft entfaltet werden möchten. Ein spiritueller Mensch richtet sein Augenmerk auf sich selbst. Er sucht sich und ahnt, dass er sich nur wirklich in Gott finden kann – in Gott, der nicht losgelöst ist von Beziehungen, von der Schöpfung, der vielmehr deren tiefster Grund ist. Ich kann mich finden, wenn ich das Göttliche in allen Beziehungen entdecke. Hier liegt die Spur zum Loslassen. Denn ich werde nur erfüllt und glücklich und kann über mich selbst hinauswachsen, wenn ich mich auch wieder lasse.

Hingabe an das Leben – die Zeit des Säens

Säen heißt etwas Kostbares aus der Hand geben, um es unserer Mutter Erde anzuvertrauen. Ich erinnere mich, wie auf dem Bauernhof meiner Großeltern das Saatgut »heilig« war, von größtem Wert. Es durfte nicht angetastet und vor der Zeit verbraucht werden, denn es bedeutete das tägliche Brot des nächsten Jahres. Darum bin ich bis heute entsetzt, wenn ich ein Stück Brot oder andere Lebensmittel in einem Abfalleimer entdecke. Es trifft mich ganz tief in meinem religiösen Empfinden. Darum segne ich bis heute wie meine Großmutter, wie meine Mutter das Brot vor dem Anschneiden: als Ausdruck tiefster Dankbarkeit.

Bevor das kostbare Saatgut losgelassen wird, braucht es das Zubereiten und Lockern der Erde. Vor dem Loslassen braucht es die Gabe des Einlassens auf das, was schon da ist. Das Öffnen, Lockern der Erde, das Bewässern, das Hegen und Pflegen der jungen Saat liegt in meiner Hand, das Wachstum bleibt immer Geschenk und Geheimnis. In den Wachstumsgleichnissen, die Jesus in der Bibel erzählt (Markusevangelium, Kap. 4), kann ich diese tiefe Lebensweisheit verinnerlichen. Jener Liebhaber des Lebens aus Nazaret war tief verliebt in die Schöpfung. »Wenn das Weizenkorn nicht in die Erde fällt und stirbt, bleibt es allein; wenn es aber stirbt, bringt es reiche Frucht« (Johannes 12,24). Diese Lebensweisheit findet sich auch in andern Religionen und Kulturen, denn ich kenne keinen spirituellen Weg, der nicht ein Weg des ständigen Loslassens ist. »Hinausgehen ins Leben, Eintreten in den Tod« (Laotse). Wenn sich im Frühling unsere Sehnsucht nach Lebendigkeit verstärkt, dann sind wir zugleich konfrontiert mit unserer Angst vor wirklichem, echtem Leben! Denn echtes, intensives, lustvolles Leben ereignet sich in der Hingabe an das Leben, das immer im Werden ist. Es bedeutet auch, die Kontrolle aufzugeben und dem Vertrauen neue Räume zu eröffnen. Neues Leben geht einher mit dem Fallen in den Grund meiner Hoffnung und meiner Sehnsucht. Neues Leben geht einher mit der manchmal großen Unsicherheit des Wartens, dem Vertrauen darauf, dass die Saat im Dunkeln keimt und aufgeht. Wer die Prozesse der Natur in seinem persönlichen und gesellschaftlichen Leben bewusster verinnerlicht, der begegnet keiner romantisch-naiven Idealisierung der Natur, sondern der Kraft und der Härte des Lebens.

Und so heißt Säen: mein Vertrauen in das Wachstum erneuern, indem ich mein Bedürfnis nach Sicherheit sterben lasse. Säen heißt annehmen, dass ich das Leben nie im Griff haben kann, dass es sich vielmehr in der Aufgabe – im doppelten Sinn – entfalten kann. Säen heißt dem Leben zutrauen, dass es sich fruchtbringend entfalten wird, wenn ich mich dem Urgrund allen Lebens anvertraue. Säen heißt annehmen, dass das Wesentliche nicht verfügbar ist und dass darum eine ökologische Ethik dem Leben zuliebe notwendig ist. Säen heißt eine beharrliche Geduld kultivieren, in der ich neu entscheiden muss, wann aktives Warten und wann Zupacken notwendig ist.

Mitten im Entscheidungsprozess
meine ganze Ambivalenz spüren
Wo soeben noch Klarheit
und ein sicheres Gefühl sich zeigten
herrschen jetzt Verunsicherung und Chaos
Dabei mir wohlwollend begegnen
ist unglaublich schwer

Begleite mich
klärender Geist
indem ich in mein Verspanntsein hineinatme
und dadurch meinen Kopf entlaste
um mit Leib und Seele vertrauen zu können
dass die Lösung schon in mir ist
Allen Widersprüchlichkeiten zum Trotz
vertraue ich dem Hinweis Gottes in mir

Mein Coming-Out – ein Brief

Liebe Mitglieder des Freundeskreises von Fontaine-André!

Gerade stehen für mein Leben

Zu-Grunde-gehen

Loslassen

sind die drei Grundhaltungen, die ich in meinen über 25 Büchern aufscheinen lasse und die ich in Hunderten von Vorträgen entfaltet habe. Jedes Mal war mir mehr oder weniger bewusst, dass mich diese Worte irgendwann im Leben einholen werden. Jetzt ist es so weit.

Ich will gerade stehen für meine Homosexualität, was mich zu-Grunde-gehen und vieles mir sehr Vertrautes loslassen lässt.

Mit 49 Jahren will ich mich befreien von dieser Grundangst vor der homosexuellen Ausrichtung, die natürlich nur ein Teil meines vielfältigen Lebens ist und auf die ich mich auch nicht reduzieren lasse. Doch sie will nun verantwortungsvoll-partnerschaftlich gelebt werden. Die ersten dreißig Jahre meines Lebens habe ich sie verdrängt, danach bis zu meinem Zusammenbruch mit 38 Jahren bekämpft und seither versuche ich, sie zu integrieren, ohne sie auszuleben. Dies gelang mir dank dem Schreiben und dank dem Mitgestalten an unserem offenen Klosterprojekt. Doch das Geheimhalten kostete mich immer wieder viel Energie.

Letzten November hat mich mitten im Erfolg und im gut eingespielten Team von Fontaine-André ein Tinnitus eingeholt, der mich seither als unerträgliches Pfeifen wie eine Alarmanlage in meinem linken Ohr begleitet. Von Anfang an habe ich versucht, dieses Signal ernst zu nehmen, weil ich ahnte, dass es ein tiefer Schrei meiner

Seele ist. Ich habe über 30 Vorträge und Kurse abgesagt, war einen Monat in einer Spezialklinik in Kur und habe viele (auch alternative) Heilmethoden gesucht; ohne Erfolg bis heute. Mein Leidensdruck stieg von Nacht zu Nacht und hat mich immer wieder zu einer intensiven Auseinandersetzung mit meiner Affektivität und Sexualität geführt. Dies ist sicher nur ein Teil einer Deutung des komplexen Tinnitusphänomens; doch es hat mich existenziell getroffen: erstaunlicherweise nicht wie bisher im Bestimmtsein durch Angst, die zur Depression führt, sondern trotz allem schweren Leiden und Ringen im Verstärken meiner Lebenskraft, um endlich geradestehen zu können für mein homophiles Fühlen. Denn nicht ich habe es gesucht, sondern Gott als Urgrund allen Lebens hat mich so wunderbar geschaffen und gestaltet.

Da nach offizieller katholischer Tradition schwule Menschen ihre Sexualität nicht leben dürfen, habe ich keine Chance, im kirchlichen Dienst zu bleiben. Obwohl ich mit Leib und Seele ein priesterlicher Mensch bleibe, gehe ich in Würde und lege mein Priesteramt nieder.

Ich werde bis Ende 2002 die vorgesehenen Kurse leiten. Es ist mein Wunsch und der Wunsch des Kernteams, dass ich nach einer Neuorientierungszeit auch in Zukunft in Fontaine-André Menschen begleite und Kurse leite, obwohl sich eine wohnliche Veränderung aufdrängt.

Voll Dankbarkeit sehe ich, was in den letzten Jahren in Fontaine-André wachsen und reifen konnte. Darum bitte ich euch von Herzen, diesen heilsamen Hoffnungsort weiterhin zu unterstützen. Voll Schmerz und Hoffnung breche ich auf in eine ungewisse Zukunft. Schmerz über die Enge einer Kirche, in der so viele Menschen keinen

Platz haben. Hoffnung, dass ich weiterhin vielen Menschen ein spiritueller Begleiter sein kann, in Gesprächen, Kursen, Lesungen und vor allem durch meine Bücher.

Mit kraftvollen Segenswünschen

Pierre Stutz *Juni 2002*

In Zeiten des Neuanfangs der Verwandlung trauen

In Zeiten des Neuanfangs
in denen die Sehnsucht nach Verwandlung wächst
und die Angst vor der Ungewissheit
mich täglich einholt
gehe ich auf die Suche
nach einem Symbol
das mich offensichtlich erinnert
an die bleibende Kraft Gottes in allem

In Zeiten des Neuanfangs
in denen in meinen Träumen
alte lebensbehindernde Muster
des Zweifelns und Zögerns mich einholen
vertraue ich auf dich Lebensatem
der erlöst von Allmachtsfantasien
und zu neuen Vertrauensschritten bewegt

In Zeiten des Neuanfangs
in denen ich mich überfordert fühle
durch die vielen Eindrücke
schaffe ich mir am Arbeitsplatz
eine Nische mit dem Vertrauenszeichen
das mich erinnert
wie der rote Hoffnungsfaden
sich durch mein Leben zieht

Einatmend
verweile ich mit einem Symbol
um hineinwachsen zu können
in dieses Eingebundensein
in eine jahrhundertelange Weggefährtenschaft
in der Aufbruch und Beheimatung erfahrbar ist

Ausatmend
löse ich mich vom alten Ort
von Beziehungen
vertrauend auf die bleibende Verbundenheit
sogar über den Tod hinaus
die täglich genährt wird
im Pflegen eines achtsamen Lebensstils

III.

Leib und Seele stärken

Spiritualität des Alltags

Die Kraft der Rituale

»Kann es etwas Schlimmeres geben, als dass wir uns in unserem eigenen Haus nicht zurechtfinden? Wie können wir hoffen, in anderen Häusern Ruhe zu finden, wenn wir sie im eigenen nicht zu finden vermögen?«, fragt die Mystikerin Teresa von Ávila in ihrer Schrift von der *Inneren Burg*.

Das ist ein Gedanke, der mich vor einigen Jahren erschüttert hat. Zu lange habe ich draußen gesucht, was ich nur in mir selber finde. Wie jeder Mensch brauche ich Freundinnen und Freunde, Anerkennung und Verwurzelung. Doch nur ich selber – dies ist eine schmerzliche und zugleich befreiende Erkenntnis – kann mir Heimat in mir schenken. Es ist dies eine Beheimatung, die – so habe ich es erfahren – letztlich Gott allein ermöglichen kann. Gott ist in allen Dingen! Seit ich der Spur dieser Erkenntnis folge, habe ich die Kraft der Rituale in meinem Leben, in meinem Alltag neu entdeckt.

Was ist ein Ritual? »Es ist das, was einen Tag vom anderen unterscheidet, eine Stunde von den andern Stunden«, lässt Antoine de Saint-Exupéry den Fuchs zum kleinen Prinzen sagen. Darum »muss es feste Bräuche geben« – ein Aufruf, der in unserer hektischen Welt, die zum Shoppingcenter der unendlichen Möglichkeiten geworden ist, aktueller denn je ist. Vereinsamung und Sinnverlust nehmen zu: Einfache spirituelle Übungen können eine Hilfe sein, im Alltäglichen das Wunderbare zu entdecken – und sie helfen, nicht länger fremdbestimmt zu leben, gelebt zu werden, sondern mehr aus der eigenen Mitte heraus zu leben.

Ein Ritual ist für mich …

- regelmäßig und bewusst einen Ort des Innehaltens, des Aufatmens aufzusuchen, an dem ich mich in meinem eigenen Haus zurechtfinden kann.
- ein kraftvoller Moment der Erinnerung, dass das Wesentliche im Leben nicht machbar ist, sondern immer Geschenk und Gnade bleibt.
- wenn ich »den Himmel mit der Erde verbinde«, indem ich wahrnehme, was ist, und über mich hinauswachse, weil ich Teil eines größeren Ganzen bin.
- wenn ich Widerstand leiste und Zeichen setze für eine gerechtere Welt, wo Gerechtigkeit, Lebensfreude, Solidarität und Zärtlichkeit spürbar werden.
- wenn ich in das Urvertrauen hineinwachse, dass jeder Mensch sich immer wieder zum Guten verwandeln lassen kann.
- wenn ich wiederhole, nachahme, übe. Übung führt mich zu mehr Achtsamkeit und innerer Ruhe angesichts der drängenden Fragen unserer Zeit.
- ein mystischer Augenblick, in dem Raum und Zeit wie aufgehoben erscheinen und ich in Berührung komme mit Gott, der Quelle allen Lebens, erfahrbar in der Schöpfung und dem ganzen Kosmos.
- eine heilende Erfahrung, weil die Seele, das Lebendige in uns, aufatmen kann und wir alle Erfahrungen zurückbinden können an den Grund unseres Lebens, den ich Gott nenne.

Raum für meine Seele

Bei
dir allein
kommt meine Seele zur Ruhe
von dir
kommt meine Hoffnung

Ich will nicht mehr außen suchen
was ich mir in meinem Innern schenken
lassen kann

Meine Unruhe werde ich überwinden
wenn ich wage die Stille auszuhalten
wenn ich lerne
einen neuen Umgang mit mir zu suchen

Im Dasein
im Ausruhen
im Genießen
im Entdecken
meiner schöpferischen Fähigkeiten

So kann ich zur Ruhe kommen
hoffend mein Leben durch dich
vertiefen zu lassen

Jeden Tag neu
NACH PSALM 62,6

Eine Stunde sitzen

Einmal pro Woche wähle ich mir einen Ort aus, an dem ich eine Stunde sitzen kann. Dies kann in meinem Zimmer sein oder im Wintergarten, auf dem Balkon oder an einem Ort draußen im Garten oder im Park ... Ziel dieser Meditationsform ist es, meine Erfahrungen der vergangenen Woche vertiefen zu können, indem ich Raum schaffe, um die eine oder andere Begebenheit noch einmal in mir hochkommen zu lassen. Es geht also nicht darum, keine Gedanken zu haben, sondern Bilder, Gefühle, Gedanken in mir wahrzunehmen, die mich in den letzten sieben Tagen angerührt haben. So lerne ich mich selbst besser kennen und kann konkret einüben, mich anzunehmen, so wie ich bin, mit meiner Dankbarkeit und meiner Verletzlichkeit, meiner Großzügigkeit und meiner Enge, meinem Stolz und meinem Staunen. In diesem einfach-schwierigen Da-sein erinnere ich mich, dass das »Reich Gottes schon mitten unter uns« ist, also auch in mir. Wichtig ist es zunächst nur, da zu sein, das heißt nicht zu schreiben, zu malen, sondern »nur« zu spüren, was in mir vorgeht. Nach einer Stunde kann ich aufschreiben, malen oder im Musizieren ausdrücken, was ich erlebt habe.

Ich sitze gut da und das bewusste Ein- und Ausatmen hilft mir, innerlich ruhiger zu werden. Ich lege meine beiden Hände auf meine Oberschenkel, um in guter Berührung mit meinem Körper zu sein.

Ich bin nicht erstaunt, wenn Gedanken wie »was soll das Ganze?« – »ich muss das und das noch erledigen« – »warum soll ich ganz alleine hier sitzen« mich einholen. Ich rechne auch damit, dass ein undefinierbares Gefühl der Einsamkeit sich breitmachen kann, das ich am liebsten fliehen möchte. Dankbar nehme ich auch an, es genießen zu können, einfach da zu sein, nichts zu tun.

Ich lasse meinen Gefühlen, Gedanken und Bildern freien Lauf. Ab und zu versuche ich bewusst bei einer Erfahrung zu bleiben, um sie nochmals besonders anschauen zu können. Ich erinnere mich zum Beispiel, wie eine unscheinbare Geste, eine Berührung für mich so wohltuend war und spüre mit Körper und Seele, wie sich darin meine Sehnsucht nach Anerkennung ausgedrückt hat. Ich sehe noch einmal die spielenden jungen Katzen vor mir, die in all ihrem Sein und Tatendrang meine Lebenslust gefördert haben. Ich nehme wahr, wie mich eine Nebenbemerkung mehr getroffen hat, als ich wahrhaben will. Sie bringt mich in Berührung mit meiner Urverletzung, der Angst, abgelehnt zu werden. Ich lasse meine Tränen langsam meine Wangen hinunterfließen, sie sind Ausdruck meiner Lebendigkeit. Ich entdecke ganz in einer dunklen Ecke von mir die Wut, die angestaut ist über die arrogante Art und Weise, wie jemand zu viel Platz eingenommen hat und ich mich vor Sprachlosigkeit nicht wehren konnte. Es schreit in mir wegen des Unheils in der Welt, und es schreit in mir vor Erschrecken darüber, wie schnell wir uns an himmelschreiende Ungerechtigkeiten gewöhnen können.

Ich atme tief ein und aus, damit außer dem Wahrnehmen auch das Loslassen möglich ist. Ich spreche mir wohlwollend zu, dass ich all das bin; dass ich trotz all meiner Widersprüchlichkeit einmalig und kostbar bin.

Segen für heute

Zärtlicher Segen
möge dich erfüllen am heutigen Tag
im stündlichen Innehalten
damit dir die Erinnerung geschenkt sei
anerkannt zu sein
in all deinen Entfaltungsfähigkeiten
und inmitten deiner Widersprüchlichkeiten

Wohlwollender Segen
lasse dich die tiefe Verbundenheit spüren
mit allem was lebt
damit dein Atem
dich zu ökologischer Achtsamkeit bewegt

Erfrischender Segen
möge dich zum Staunen begeistern
über all die Wunder
die dir in Begegnungen mit
Menschen und Schöpfung entgegenkommen

Stehen

Wenn Menschen mich nach meinem Lieblingsritual fragen, dann kann ich ohne Zögern auf das Dastehen verweisen. Im täglichen Aufstehen entdecke ich das Zentrum meines christlichen Glaubens. Denn mein Aufstehen sehe ich in Verbindung mit der Auferstehung; einer Auferstehung, die sich nicht nur vor 2000 Jahren ereignet hat, sondern jeden Tag neu in jedem Menschen, in der Schöpfung, im Kosmos geschieht. Christus steht in mir auf, um mich zu ermutigen, zu mir zu stehen, geradezustehen für mein Leben mit allem, was es ausmacht. In der Stärkung meines Rückgrates liegt auch der Auftrag, aufzustehen für die Rechte aller Menschen.

Jeden Morgen stelle ich mich als ersten Akt in die Mitte des Zimmers. Mein Dastehen ist auch heute gefragt, doch ich darf mich zuerst erinnern, dass Gott vor aller Leistung zu mir steht, weil mein Wert aus meinem Dasein entspringt. Diesen Auferstehungsweg kann ich jedes Mal den Tag hindurch vergegenwärtigen, wenn ich stehen muss. Wenn meine Tagesplanung durchkreuzt wird und nicht alles so läuft, wie ich es mir vorgestellt habe, und ich versuche, daraus das Beste zu machen, dann erneuert sich der Kreuz- und Auferstehungsweg in mir. Ich verstehe dies auch als höchst politischen Akt, denn ich verbinde mich dadurch mit allen unterdrückten, gekrümmten Menschen, deren Rechte missachtet und zerstört werden. Beim Warten auf den Bus, in der Einkaufsschlange, im bewussten Innehalten beim Spaziergang werde ich hinein geholt in das große Staunen. Im Stehen erfahre ich, dass mich der Grund unter mir trägt. Ich muss also nicht alles in meinem Kopf und auf meinen Schultern tragen, sondern ich kann abgeben und staunen, wie meine Alltagslast kleiner wird, weil ich den Boden unter meinen Füßen wirklich nutze als tragenden Grund. Meine Erfahrung gewinnt Beständigkeit und Tiefe.

Auftreten vor anderen Menschen, meine Meinung einbringen, meinen Lebensauftrag entdecken, fängt für mich beim Stehen an. Dabei darf ich staunend vertrauen, wie mir die richtigen Worte gegeben werden, wenn ich meiner Intuition traue und mich im bewussten Ein- und Ausatmen zentriere auf das Wesentliche: Es ist Christus in mir, der mich aufrichtet und heilend in mir wirkt zu meinem eigenen Guten und dem der anderen.

Ich kann solche heilende Verbundenheit auch im Massieren meiner Füße entdecken und dadurch meinen Glauben an die Auferstehung bis in die Zehenspitzen wahrnehmen. Durch die Fußreflexzonenmassage wird mir bewusst, wie nah beieinander Herz und Füße sind. Mich meinen Füßen liebevoll zuwenden, heißt staunen lernen über meinen gesamten Organismus, den ich in den Reflexzonen der Füße widergespiegelt spüre. Spiritualität im Alltag beginnt mit meinem Fußweg. Ich stehe, finde meinen Standpunkt und mache mich auf den Weg – im Vertrauen darauf, dass meine Schritte auf den Weg des Friedens gelenkt werden.

Dastehen
mit beiden Füßen auf dem Boden
dich als Grund erfahren
der trägt

Tief ein- und ausatmen
zu-mir-stehen
zu meinen Gaben und Grenzen
weil du mich annimmst
vor aller Leistung

Tief ein- und ausatmen
geradestehen für mein Leben
um auch einstehen zu können
für das Leben von anderen
weil du jeden Tag neu in mir auferstehst

Aufrecht dastehen
Stamm entfalten lassen
innerlich erstarken
mich verwurzeln
um mich weit in die Äste hinauszuwagen

Inneren Zusammenhalt fördern
um vielfältig da sein zu können
nicht einseitig werden
sondern verschiedene Verzweigungen wachsen lassen

Lebenslust fördern
genießen wie verschiedene Gaben
sich in mir auf allen Seiten entfalten

Mich nicht verlieren
zu-mir-stehen
zu Entfaltungsmöglichkeiten und Grenzen
jeden Tag neu

Morgens

Beim Erwachen
mich erinnern
dass Gott Zärtlichkeit ist
erfahrbar in allen Berührungen dieses Tages

Beim Erwachen
mir vergegenwärtigen
wie mein Atem
mir Leerraum ermöglicht
um loszulassen und
mich neu erfüllen zu lassen

Beim Erwachen
vor dem Tun
mit einer tiefen Verneigung
dem Leben danken
damit daraus die Kraft wächst
dem Schmerzvollen nicht auszuweichen

Beim Erwachen
vor allen Ansprüchen
den Zuspruch Gottes in mir hören
sein dürfen
um daraus voll Engagement
meinen Tag gestalten zu können

Beim Erwachen
Auferstehung erahnen
in der Verbundenheit mit all
den Frauen und Männern

die heute auf der ganzen Welt
für mehr Frieden und Gerechtigkeit
aufstehen

Mittags

In der Mitte des Tages
innehalten
bewusst meinen Terminkalender schließen
ein- und ausatmend
die Hand darauf legen
in der Gewissheit
dass wenn du
nicht das Haus baust
alle Mühe umsonst ist

In der Mitte des Tages
innehalten
vor dem Verlassen des Zimmers
die Türklinke wirklich in die Hand nehmen
ein- und ausatmend
mich bestärken lassen
dass du die Tür zum Leben bist

In der Mitte des Tages
innehalten
in Entspannungsübungen
die meinen Zugang zur Lebenskraft
neu öffnen

In der Mitte des Tages
die Sorgen des Morgens
bewusst loslassen
weil ich dadurch die Möglichkeit schaffe
nachmittags mit neuen Augen
mich den brennenden Fragen zu stellen

In der Mitte des Tages
der Kraft des Augenblicks trauen
weil du dich darin ereignest
mit deinem Namen
ich bin da

Abends

Loslassen
mich gehen lassen
mich auf dem Boden ausstrecken
tief ein- und ausatmen

Loslassen
mich entspannen lassen
mich im Nichtstun getragen wissen
Erholung mir schenken lassen

Loslassen
mich verwöhnen lassen
zärtliche Massage genießen
die ein Ausdruck der Zuwendung Gottes ist

Loslassen
einfach sein dürfen
mich segnen lassen
schlafend den heilenden Geist in mir
weiteratmen lassen

Abendstern

Den Abendstern begrüßen
als heilende Entlastung
den Tag mit seiner Schönheit
und Härte sein lassen zu können

Den Abendstern begrüßen
als ermutigende Aufforderung
zum Ausklang des Tages
im Einklang mit sich zu sein

Den Abendstern begrüßen
als tröstendes Licht
das uns mit Verstorbenen verbindet
die weiterhin mit uns sind – einfach anders

Den Abendstern begrüßen
als frohe Einladung
sich gehen zu lassen
im gesegneten Schlaf

Im Rhythmus des Jahres

Zehn Jahre lang habe ich am Rande der Stadt Neuchâtel gewohnt, am Waldrand im Schweizer Jura – einer Landschaft voller Berge und Wälder, Wasser, Felder und Felsen. Meine Zeit im offenen Kloster Abbaye de Fontaine-André hat mich wesentlich geprägt. Fontaine-André ist ein Kraftort: Mit seiner Quelle, seinen Brunnen und Teichen, seinem großen Garten, seinen Feldern, seinen Tieren und Bäumen, seinen Wiesen, seinen Libellen, seinen Sträuchern und seinen Kräutern, seinen vielen Blumen und Seerosen, seiner Stille und all seinen Menschen hat er mich und mein spirituelles Leben verwandelt. In Fontaine-André bin ich einer mystischen Lebensgestaltung begegnet, die aus dem tiefen Eingebundensein in Schöpfung und Kosmos lebt. Seitdem meditiere und studiere ich intensiv mystische Texte und konkretisiere sie in einer bewussten Lebensgestaltung der Achtsamkeit und des Mitgefühls. Diese Alltagsspiritualität ist auch geprägt und genährt vom regelmäßigen Rhythmus der Jahreszeiten, den ich als große innere Befreiung erlebe. Er ist mir in meiner persönlichen Entfaltung und in der spirituellen Begleitung von Hunderten von Menschen zum Sinnbild eines zyklischen, dynamischen, prozessorientierten Wachsens und Reifens geworden. Meine von einer leistungsorientierten Sozialisation geprägte Einstellung erfährt durch diesen gesunden Rhythmus eine not-wendende Korrektur. Der Kreis des Lebens in den verschiedenen Jahreszeiten ermutigt mich mit seinen Gegebenheiten in der Entfaltung meiner Lebenskraft und im Integrieren meiner Grenzen. Da begegne ich Zeiten von höchster Aktivität und Kreativität und zugleich Zeiten der Langsamkeit, des Wartens und der Leere – in denen aber auch Wesentliches geschieht. Solch zyklisches Fühlen und Leben kennt keine sinnlose Wiederholung, sondern ein ausgeglichenes Wiederholen der verschiedenen Wachstumsaspekte, die zu einem gesunden Gleichgewicht bewegen.

Den Frühling begrüßen I

Den Frühling begrüßen in mir
der neuen Lebenskraft trauen
die mich zum Aufbruch erwachen lässt
die meine Ängste verwandelt in Vertrauen

Den Frühling begrüßen in mir
dem aufblühenden Leben trauen
das mich beziehungsfähiger werden lässt
das Misstrauen verwandelt in Solidarität

Den Frühling begrüßen mit dir
gemeinsam durch die Felder ziehen
staunend die Grünkraft genießen
sie tief einatmen und sich aufrichten lassen

Den Frühling feiern in Gemeinschaft
eintauchen in die Erinnerung
dass Befreiung möglich ist
aus Fremdbestimmung und Unterdrückung

Der Frühling in mir

Wenn ich im Februar und März wochenlang an kahlen Sträuchern und Bäumen vorbeigehe, die oft wie abgestorben aussehen, dann ertappe ich mich bei dem hoffnungslosen Gedanken, dass dieses Jahr vielleicht nichts Neues wachsen wird. Ich werde konfrontiert mit meiner Ungeduld. Denn ich weiß ja: Obwohl sich im Inneren der Knospen ganz viel tut, obwohl sich in größter Langsamkeit höchste Aktivität ereignet, ist nach außen ganz lange nur das Kahle, Erstarrte, scheinbar Leblose sichtbar. Dass das bei den Pflanzen so ist, lässt mich anders auch mit mir, mit den andern umgehen, gerade in Zeiten der Krankheit, der Neuorientierung, der Arbeitssuche, bei der Begleitung von Kindern und Jugendlichen in Umbruchzeiten. Manchmal kann es sehr lange dauern, bis die »Knospen« sich bei jemandem auftun, bis der »Knopf aufgeht«.

Die Zeit der Knospen

Wenn ich dann schließlich im Vorbeigehen die ersten kleinen grünen Blätter entdecke und die Knospen meditiere, die ganz unscheinbar und doch schon voll innerer Lebenskraft sind, dann staune ich jedes Jahr voll tiefer Dankbarkeit. Ich erwache. Ich werde erleuchtet. Ich erlebe das große Wunder des Frühlings, des Neuaufbruchs. Ich stehe da zwischen Erde und Himmel, atme tief ein und aus und verinnerliche das Geheimnis des Sterbens und Werdens. In solchen Momenten ist mir jedes Wort zu viel, ich bin einfach da und staune und danke und bin berührt vom Geschenk des Lebens.

Dieser unscheinbare und großartige Vorgang in der Schöpfung lässt mich fragen, wo und wie ich das neue aufkeimende Leben in mir und in meinen Beziehungen und in politischen Neuaufbrüchen wahrnehme, unterstütze, hege und pflege? Der unbeirrbare Aufbruch, das lebendige Wachsen bringt mich aber auch in Verbindung mit lebensbehindernden Sätzen wie

»Da ist eh nichts mehr zu machen!«

»Die Zeit der Wunder ist vorbei!«

»Das ist absolut unmöglich, vergiss es!«

»Dieser Mensch ändert sich bestimmt nicht mehr!«

»Wir brauchen Realisten, keine Träumer!«

»Das ist nun mal so, damit musst du dich abfinden!«.

Knospen konfrontieren mich mit der Frage nach der Hoffnung in meinem Leben. Wer nährt meine Hoffnung? Wie kann ich Widerstand leisten, damit all die vielen Hoffnungsansätze, die oft auch in Nebensätzen ausgedrückt werden, nicht durch Resignation und Apathie im Keim erstickt werden? Welche lebensbejahenden und lebensfördernden Sätze stärken mein Vertrauen in ein neues Wachsen und Reifen im Leben?

Die Zeit der ersten Wärme

Wie sehr wir mit Leib und Seele auf das Wetter reagieren, lässt sich gut an der ansteckenden Aufbruchsstimmung erkennen, die uns Menschen bei der ersten Wärme mit ihren wohltuenden Sonnenstrahlen öffnet für neue Begegnungen. Auf einmal zieht neues Leben ein auf Spielplätzen, in den Straßencafés, am See und im Wald, auf den Balkons und in den Gärten.

Die ersten Frühlingstage laden mich ein, die Kunst des Genießens zu kultivieren. Ein langsames, behutsames Sich-Annähern an die Sonne ist gefragt, sonst überfordere ich meinen Leib und erkälte mich. Nach dem kalten, dunklen Winter brauche ich Licht und Wärme und setze mich beidem dennoch nur vorsichtig aus. Auch unsere Seele, das Lebendige im Menschen, braucht immer wieder Zwischen-Räume, Rückzugsmöglichkeiten, um sich wirklich entfalten zu können. Dies sagt sich so leicht. Es ist gar nicht so einfach, behutsam zu warten, wenn ich mich schon so lange nach Nähe und Wärme, nach Intimität gesehnt habe. Es gehört zum Schwierigsten im Leben, sich Zeit zu lassen und doch den Zeitpunkt nicht zu verpassen, wo ein Neuaufbruch gewagt werden muss. Zeiten des Überganges sind notwendiger denn je in unserer Welt; wir erfahren sie, wenn wir die Zeiten des Jahreslaufs wirklich wahrnehmen, und wir lernen in ihnen, die Wunder der Natur mehr auskosten und genießen zu können. Die verschiedenen Bräuche und Frühlingsfeste, die den Winter vertreiben sollen, ermutigen uns zu einer bewussteren Lebensgestaltung, in der ich nicht alles auf einmal haben muss – und zwar *subito!* –, sondern in der ich mich langsam öffnen kann für mehr Nähe und neue Begegnungen.

Dass nicht wenige Menschen gerade beim Erwachen des Frühlings depressive Verstimmungen spüren oder sogar in eine Depression fallen können, zeigt, wie komplex unser Empfinden ist. Was für viele unverständlich ist, ist eigentlich ein natürlicher Vorgang. Zu viel Licht, zu viel Sonne auf einmal ertragen wir nicht. Wenn in den Berichten der Bibel von Begegnungen mit Engeln immer wieder die Worte »Fürchtet euch nicht« anklingen, dann erzählen sie von der Erfahrung, dass wir vor Freude, vor Glück weinen können. (...) Dass vordergründig schöne Erlebnisse uns mit dem Schmerz, mit der Dunkelheit und Kälte in und um uns konfrontieren können. Wenn ich darum weiß, kann ich mich auch schützen, um mir in meinem Rhythmus behutsam die Zeit zu lassen, die ich brauche, um in mir länger Erstarrtes, im Verborgenen Gehaltenes, Schwieriges auftauen zu lassen. Da helfen mir die Jesusworte, ein Leben lang vertrauensvoll wie ein Kind zu bleiben. Dies hat nichts mit Regression oder kindischem Verhalten zu tun. Wirkliches Leben ereignet sich immer im Paradoxen, in Gegensätzen, im Werden und Sterben. Ein Leben lang klein anfangen können heißt, mich herantasten und mir die »Finger verbrennen«, klug sein und Fehler machen dürfen. Wir brauchen eine Kultur des Genießens, weil uns diese Kunst in unserer konsumorientierten Welt immer mehr abhanden gekommen ist. (...) Wir sind eine in hohem Maße süchtige Gesellschaft, weil wir immer mehr brauchen und immer weniger lang genießen können. Im Entfalten eines achtsamen Lebensstiles spüren wir, wann wir dabei sind, zu sehr zu kompensieren, anstatt auf unsere eigentlichen Bedürfnisse zu achten, wann wir durch übermäßigen Genuss bloße Symptombekämpfung betreiben, ohne der wirklichen Sehnsucht nach Anerkanntsein, nach Beziehung, nach Engagement zu begegnen. Der Umgang mit der ersten Wärme verweist uns auf wesentliche Menschheitserfahrungen, an denen wir arbeiten sollen, auch wenn wir sie nie ein für allemal gelöst haben werden.

Den Frühling begrüßen II

Den Frühling begrüßen in mir
jenes Urvertrauen wachsen lassen
das aufmerksam die kleinen Wunder entdeckt
die zu großen Visionen führen

Den Frühling feiern mit allen Sinnen
voller Dankbarkeit erahnen
wie aus begrabenen Hoffnungen
neues Leben wachsen kann

Den Frühling begrüßen in mir
als Hoffnung stiftende Knospe in meinem Innern
die zur zärtlichen Gerechtigkeit bewegt
und zum Mitgefühl mit allen Geschöpfen

Den Frühling begrüßen mit dir
einander tief in die Augen schauen
als sei es zum ersten Mal
die erotische Lebenskraft genießen

Den Sommer begrüßen

Den Sommer begrüßen in mir
zwischen Erde und Himmel sein, ganz da
Essen und Trinken im Freien genießen
die Kraft der Gemeinschaft erfahren

Den Sommer begrüßen in mir
beim Reisen und Ausruhen
mich eingebunden wissen in die Schöpfung
was vieles leichter angehen lässt

Den Sommer feiern mit dir
die erotische Kraft der Freundschaft erleben
voll tiefer Dankbarkeit angerührt sein
von der Hoffnung stiftenden Vertrautheit

Den Sommer feiern in Gemeinschaft
die verschiedenen Bräuche und Feste
als große Chance wahrnehmen
um unerwartete Begegnungen zu fördern

Zeit am Wasser

Die Sommerzeit führt uns in die Nähe des Wassers, zu Bächen und Flüssen, zu Seen und zum Meer. Das Wasser ist der Ursprung allen Lebens, auch unseres ganz persönlichen Lebens: Neun Monate schwimmen wir im Fruchtwasser der Mutter. Darum hat das Wasser eine so große Anziehungskraft in unserem Leben. Es erfrischt, beruhigt, inspiriert und reinigt.

In allen Religionen und Kulturen finden wir Rituale und Riten, die die Symbolik des Wassers aufnehmen; darin können wir unseren Lebenslauf erkennen. So feiern wir in der christlichen Taufe im Eintauchen in das Wasser, dass wir das Leben nie im Griff haben werden – es ist immer im Fluss. Solches Loslassen ist wie »ein kleiner Tod«, ein Sterben, um lebendiger zu werden. Mystikerinnen und Mystiker entfalten das biblische Motiv vom Wasser des Lebens in ihrer Ermutigung, einen inneren Weg zu gehen, um aus der eigenen Quelle zu schöpfen (Bernhard von Clairvaux), um den unmittelbaren Zugang zum Göttlichen im Schweigegebet als erfrischende Quelle zu erfahren (Teresa von Ávila), um sich nicht mit einer Pfütze, mit der Oberflächlichkeit im Leben zu begnügen, sondern aus der Tiefe, dem eigenen Brunnen zu schöpfen (Angelus Silesius). Die Begegnungen am Wasser, besonders am Meer, laden uns ein zu spirituellen Erfahrungen.

Den Herbst begrüßen

Den Herbst begrüßen in mir
voll Dankbarkeit die reiche Ernte feiern
das Wachstum liegt nie in unseren Händen
weil es geheimnisvoll und unberechenbar bleibt

Den Herbst begrüßen in mir
die heilsame Farbenpracht genießen
die von der Fülle des Lebens erzählt
und zugleich zur Kunst des Sterbens einlädt

Den Herbst begrüßen mit dir
aufmerksam den Blick nach innen richten
gemeinsames Wachsen und Reifen annehmen
damit auch unsere Verschiedenheit sein darf

Den Herbst feiern in Gemeinschaft
Brot und Wein als Ursymbole erkennen
die zur Gastfreundschaft bewegen
und kreative Erntedankfeste feiern

Die Zeit der Bäume

Wenn ich ganz unerwartet an alten Verwundungen leide und wenn meine zentralen Lebensfragen sich in immer neuen Varianten wieder melden, dann kann ich mir im ersten Moment mit einer unglaublichen Härte und Strenge begegnen. Destruktive Stimmen in mir melden sich schlagartig zu Wort. Sie erschlagen mich mit Sätzen wie »Nicht schon wieder, was soll dieses Theater?!« oder »Wann fällt bei dir endlich der Groschen – du kannst doch nicht so doof sein!« Nie würde ich einem Baum mit solch lebensverachtenden Fragen begegnen. Nie würde ich den Bäumen im Herbst sagen, sie sollen in diesem Jahr »das letztjährige Theater des Blätterverlierens« bitte nicht schon wieder aufführen. Denn dieser jährliche Prozess lässt die Bäume immer tiefere Wurzeln finden, die dank der Kraft der Wiederholung Tiefgang ermöglichen, um in den Stürmen des Lebens bestehen zu können. Im Gespräch mit den Bäumen kann ich wesentliche Lebensgrundwerte entdecken wie die Verwurzelung, den Umgang mit »Verknorztem«, das Loslassen und die Ausrichtung zum Licht. Im Dialog mit den Bäumen zeigt sich, wie sehr wir Menschen auf sie angewiesen sind. Die Bäume lehren uns einen einfachen Lebensstil, in dem Selbstentfaltung und Solidarität keine Gegensätze sind. Bäume stehen fest zu ihrer Einmaligkeit. Diese Kraft lässt viele Menschen in ihrem Schatten ausruhen. Auch für Hermann Hesse sind Bäume »Heiligtümer. Wer mit ihnen zu sprechen, wer ihnen zuzuhören weiß, der erfährt die Wahrheit … Darum sind auch die Bäume mein Gebet.

Den Winter begrüßen I

Den Winter begrüßen in mir
mir endlich Brachzeit zugestehen
in der äußerlich alles still steht
und innerlich so viel wachsen und reifen kann

Den Winter begrüßen in mir
die mit Schnee bedeckte Landschaft
als Ermutigung zur Langsamkeit sehen
in die Ruhe und Schweigen eintreten kann

Den Winter feiern mit dir
in Zeiten der Kälte und der Dunkelheit
einander Wärme und Geborgenheit schenken
in zärtlicher Zuwendung und wohltuendem Austausch

Den Winter feiern in Gemeinschaft
Kerzen und Friedensfackeln entzünden
kraftvolle Räume schaffen
für unsere Sehnsucht nach Solidarität

Die Zeit der Dunkelheit

Neues Leben entsteht in der Dunkelheit. Neues Leben richtet sich auf das Licht aus. Wir können der Kraft der Dunkelheit mehr trauen, sie ist ein Schonraum für das Wachstum. Wesentliches kann sich ereignen im Dunkeln – im Bauch des Fisches etwa, wie die biblische Jonageschichte zeigt. Jona erkennt erst durch sein Geworfensein in die Dunkelheit der Tiefe sein wahres Selbst, seine Lebensaufgabe.

Wohltuend ist für mich beim Lesen dieser Geschichte die Erkenntnis, dass dieser innere Geburtsprozess einfach geschieht, wenn die Zeit reif ist. Meine Aufgabe ist, mich trotz Angst und Verunsicherung diesem Lebenslauf nicht entgegenzustellen. Vom hellen Chicoréegemüse lerne ich, dass nur im Dunkeln kraftvolle weiße Blätter wachsen und reifen können. Die Wurzeln, die meist wie abgestorben aussehen, werden in einer Dunkelkammer ins Wasser gelegt. Wenn ich nach einer langen Wartezeit die Türe öffne, dann bin ich jedes Jahr zutiefst erstaunt über dieses große Wunder des Wachstums, das im Dunkeln geschieht. Es wird mir zur Lebenshilfe, um dunkle Zeiten, Erfahrungen des sogenannten Stillstandes, in einem anderen Licht zu sehen. Wenn wir lebendig bleiben wollen, dann werden wir immer wieder dunkle Zeiten erfahren, in denen so viel Neues wachsen kann.

Auch auf einem intensiven spirituellen Weg kann ich der »dunklen Nacht der Seele« nicht ausweichen, wie der Mystiker Johannes von Kreuz sie beschreibt. Es braucht sie manchmal, um die Wärme und das Licht des inneren Feuers wieder neu zu entdecken. Denn der Zugang zu dem, was ich wirklich brauche und wirklich kann, kann sich mir manchmal erst durch eine Krise, ein Zurückgeworfensein auf mich selber, auch auf meine Schattenseiten, neu eröffnen.

Neues Leben sehnt sich immer nach Licht, darum werden in allen Religionen während der zunehmenden Dunkelheit Lichtfeste gefeiert, wie das hinduistische Lichterfest *Divali*, das jüdische Lichtfest *Chanukka* oder die christlichen Lichtfeiern in der Advents- und Weihnachtszeit. Licht und Schatten gehören zu unserem Leben: Je größer das Licht ist, umso größer ist auch der Schatten. Echte Menschwerdung ereignet sich in der alltäglichen Annahme dieser Wirklichkeit, nicht nur intellektuell, sondern auch emotional und spirituell.

Die Zeit des Wartens

Die winterliche Zeit eröffnet uns einen neuen Zugang zum Warten. Die Mystikerin Simone Weil (1909–1943) fasst ihre ganze Lebenseinstellung als *attente*, als Erwartung, als Aufmerksamkeit zusammen. Aktiv warten können schenkt uns so viel Entlastendes in unserem Leben. Wir erkranken immer mehr an Leib und Seele, weil wir alles sofort – und zwar subito! – haben möchten. Dabei hätten wir vielmehr eine Brachzeit nötig, eine Kultur der Leere, eine Zeit des Rückzuges in allen persönlichen, wirtschaftlichen, sozialen und ökologischen Zusammenhängen. Eine mystische Lebensgestaltung des Erwartens führt uns einmal mehr in die Annahme des Paradoxen, des Spannenden, Widersprüchlichen im Leben. Die christliche Adventszeit wird als eine Zeit der Erwartung umschrieben. Dabei geht es um eine Grundspannung, die allen aufmerksamen Menschen vertraut ist: mehr als alles vom Leben zu erwarten – und nichts zu erwarten, um die Kraft des Augenblicks zu erfahren. Mehr als alles zu erwarten, um nicht hinter meinen Entfaltungsmöglichkeiten zurückzubleiben und um das Engagement für eine gerechtere Welt nie aufzugeben – und zugleich Tag für Tag offen zu sein für die Kraft des Hier und Jetzt.

Aktiv warten können, das hat nichts zu tun mit einem passiven, in Resignation und Apathie verharrenden Abwarten, weil eh nichts geschehen wird; es nährt in mir vielmehr den Blick für das, was wirklich ist im Leben, für das Schöne und Lustvolle und zugleich für das Empörende und Ungerechte.

Aktiv warten können, heißt Tag für Tag voller Aufmerksamkeit, voller Mitgefühl zu sein in beharrlicher Geduld und in der kraftvollen Erinnerung, dass wir gesegnet sind in unserer Lebensmacht und in unserer Ohnmacht.

Den Winter begrüßen II

Den Winter feiern mit Leib und Seele
Erstarrtes in mir wahrnehmen
erkaltete Beziehungen behutsam auftauen lassen
eine Konfliktkultur gestalten

Den Winter begrüßen mit dir
den Schnee genießen
der Dunkelheit mehr trauen
die Wärme des Feuers erfahren

Den Winter begrüßen in mir
als schweigenden Seelengrund
in dem das Göttliche sich gebiert
in meinem Selbstwerdungsprozess

Den Winter meditieren
aktives Warten kultivieren
bei mir selber zu Hause sein
um suchenden Menschen Beheimatung zu schenken

Essen: voll Dankbarkeit genießen

Essen kann mehr sein als Nahrungsaufnahme. Beim gemeinsamen Essen schauen wir uns an, reden miteinander, sind einander nahe, haben Zeit und genießen. Wir fangen gemeinsam an, und in der Regel beenden wir das Essen gemeinsam. Es geht uns hinterher besser – nicht nur, weil wir satt sind, sondern auch, weil wir einander wahrgenommen haben. Für mich ist es kein Zufall, dass Jesus in seinen Gleichnissen von der Gottesnähe das Bild vom Essen und Trinken am häufigsten verwendet. Indem wir eine Tischkultur fördern und entwickeln, helfen wir einander, mehr aus der eigenen Mitte heraus zu leben. Darum reichen wir einander vor dem Essen die Hand und singen ein Lied oder sind für einen kurzen Moment still. Ein Blumenstrauß oder eine Kerze in der Mitte des Tisches helfen, dankbar das Essen zu segnen, damit wir es noch mehr genießen können.

Einmal pro Woche essen wir bewusst nur eine Suppe bei einem Hauptmahl, um dadurch unsern Überfluss mit Hungernden zu teilen.

Einander segnen

Wir alle brauchen Vertrauens- und Hoffnungszeichen auf unserem Weg, und Kinder besonders. Einander segnen heißt, das erste JA unseres Lebens, Gottes JA zu uns, zu erneuern, indem wir einander Gutes zusprechen.

Wasser ist Ausdruck der göttlichen Quelle in uns. Beim Abschied zeichnen wir einander mit Wasser das Kreuzzeichen auf die Hände, auf die Stirn und auf die Brust. In katholischen Kirchen befindet sich gesegnetes Weihwasser, das mit nach Hause genommen werden kann. Es will uns an die Taufe erinnern: angenommen und gesegnet zu sein vor aller Leistung.

Auch anderen Gesten können wir diese segnende Bedeutung verleihen: wenn wir unserem Kind beim Abschied über das Haar streichen, wenn wir ihm Worte sagen, die uns miteinander verbinden, wenn wir durch unsere Hand auf seiner Schulter zum Ausdruck bringen, dass wir Zutrauen haben zu ihm und dem Weg, den es geht.

Bewusst in der Natur verweilen

Beim Verweilen in der Natur, etwa beim Joggen oder beim Wandern, erinnere ich mich, dass Gott in allem atmet, was lebt. Wir sind »umfangen von der Umarmung Gottes« (Hildegard von Bingen).

Solche kraftvollen Momente des Staunens lassen mich voll Dankbarkeit himmelwärts schauen. Und wenn ich wirklich mit beiden Füßen auf dem Boden stehe, erfahre ich auch entsetztes Staunen. Ich nehme neben dem Ergriffensein auch all das Himmelschreiende wahr, all die bedrohten und in den Wahnsinn getriebenen Kreaturen. Ein schöpfungszentrierter Mensch erfährt beides: Ergriffensein und Entsetzen. Er verliert damit nicht den Boden unter den Füßen, sondern ist darin geerdet und dem Himmel zugewandt zugleich.

Wenn Menschen mich verletzt haben: segnen

Menschen zu »segnen«, mit guten Gedanken bei ihnen zu verweilen oder für die zu beten, mit denen ich mich schwertue: das ist nicht leicht.

Nach einer Schweigeminute oder vor dem Beten des »Mutter-/Vaterunsers« segne ich innerlich Menschen, die mich verletzt haben. So übe ich, nicht den Menschen abzulehnen, sondern sein Verhalten. Es ist schwer: Ich segne Diktatoren, Kriegsverbrecher – dies kann spontan beim Zeitungslesen geschehen. Dabei achte ich darauf, dass ich nicht überheblich werde, denn die Gewalt, die mir von außen begegnet, hat auch in mir ihre Wurzeln. Im Aufschrei gegen die Ungerechtigkeit und im Loslassen in Gott hinein ereignet sich Versöhnung.

Abschiedsfeste feiern

Im Wort »Abschiedsfest« kommt die Nähe von Freude und Leid unseres Lebens klar zum Ausdruck. »Ich will kein Abschiedsfest feiern, weil ich schweren Herzens weggehe«, ist oft eine erste Reaktion. Sich dem Abschied nicht zu stellen bedeutet, sich den gemeinsamen Lebenserfahrungen zu entziehen. Viele von uns kennen Beziehungen in ihrem Leben, die nicht gut abgeschlossen sind, wo kein richtiger Abschied gefeiert wurde, wo Konflikte nicht ausgetragen werden konnten. Wie tief solche Erfahrungen in unserer Seele eingeprägt sind, zeigt sich mir immer wieder, wenn Menschen im hohen Alter noch an unverarbeitetem Auseinandergehen leiden.

Zwanzig, dreißig Jahre später sehen wir eine Person, die wir nie mehr gesehen haben, zufällig wieder – und wir möchten ihr am liebsten ausweichen und tun es auch oft, weil wir schlagartig spüren, dass diese Beziehung keinen klaren Abschluss finden konnte.

Darum lohnt es sich, eine Abschiedskultur zu entwickeln und sich längere Zeit vorher auf einen Abschied einzustimmen. Folgende Fragen können eine Hilfe sein, um eine Person besser lassen zu können:

- Was muss noch ausgesprochen werden an Aufbauendem und Schwierigem, damit ich dich lassen kann?
- Was können wir miteinander lernen, was ist mir durch diese Beziehung so wichtig geworden, dass ich es auch weiterhin im Leben pflegen möchte?
- Was sind wir einander schuldig geblieben? Inwiefern hat das Zusammenspiel unserer Charaktere und der Familien-/Teamkonstellation Entwicklungen gefördert und behindert?
- Wie kann ich in einem Satz ausdrücken, was mir bleibt von diesem Menschen?
- Was wünscht sich die Person, die geht, für ein Abschiedsritual?

Philippe zum Beispiel, der für einige Monate in unserer Gemeinschaft im offenen Kloster lebte, wünschte sich folgendes Abschiedsritual: Wir treffen uns alle abends am See und finden uns im Kreis zusammen. Alle haben eine brennende Kerze in der Hand, und nicht nur Philippe, der weggeht, sondern jede und jeder stellt sich einen Moment in die Mitte des Kreises, damit sie und er durch die Kerzen der anderen »erleuchtet« werden kann. Dies war der Ausdruck des Dankes für das Licht, das durchscheinen konnte in der gemeinsamen Zeit.

Was wir da erlebt haben, kann nie mit Worten eingeholt werden. Die Kraft eines Abschiedsrituals lässt uns das Leben mit allen Sinnen erfahren.

Gesammelt sein

»Je gesammelter ein Mensch in seinem Innersten lebt, umso größer ist die Ausstrahlung, die von ihm ausgeht«, sagt die Mystikerin Edith Stein (1891–1942).

Wer mitgestalten möchte an einer Welt, die zärtlicher und gerechter wird, der ist auf die Lebenskunst der inneren Sammlung angewiesen. Wir unterschätzen unser Potenzial, auch durch unsere Meditation an einem friedvolleren Miteinander mitwirken zu können. Im Einklang mit sich selbst zu sein kommt allen, auch der Schöpfung, zugute. Unsere hektische Welt braucht Frauen und Männer, die aus ihrer inneren Mitte leben. Nicht nur im Handeln, sondern auch in der Kraft der Sammlung kann die Leuchtkraft unseres inneren Sterns noch mehr durch uns scheinen. Seine Strahlen werden uns und andere beglücken.

IV.

Verletzlich bleiben

Sehnsucht nach Heil

Mein Credo

Ich glaube an Gott,
den tragenden Grund in meinem Leben.
Ich kann seine Spur entdecken
in der Schöpfung, in der Stille,
im Guten im Menschen,
in allem Geheimnisvollen des Lebens,
das uns übersteigt.

Ich glaube an Jesus, unseren Befreier.
Durch seine Lebensfreude,
seine kämpferische Solidarität und
seine heilende Zuwendung
kann ich erfahren,
wie Gott mit uns umgeht.
Er erlöst uns von den Allmachtsfantasien,
alles selber machen zu müssen.

Ich glaube an die Kraft der Freundschaft,
die sich in der lebensspendenden Hoffnung
der Freundin Geist erfahren lässt.
Sie bewegt uns zur Zärtlichkeit und
zum Aufstand für das Leben.
Sie führt uns zusammen,
um die Kirche zu erneuern,
im Engagement für ein Leben vor dem Tod
für alle
und in der Hoffnung auf ewiges Leben.

In der Lebensschule des Mannes aus Nazaret

Danke, Jesus, für Deine Perspektiven, die Du mir im Umgang mit Erfolg und Scheitern eröffnest. In Deiner Lebensschule kann ich jeden Tag neu lernen, wie Du Dich mit Deiner ganzen Lebensmacht engagierst, damit der Traum Gottes von einem mitfühlenden Zusammensein sich verwirklichen kann, und wie Du zugleich der Ohnmacht nicht ausweichst. Bevor Du Frauen und Männer zusammenführst, begibst Du Dich in die Stille der Wüste. Da wirst Du konfrontiert mit jener entfremdenden Lebenseinstellung, die maß- und grenzenlos ist und immer nur gewinnen will, auch auf Kosten der Kleinen und Entrechteten – eine einseitige Lebenseinstellung, die uns innerlich »zerreißt«, was auf Griechisch »dia-bolisch« heißt.

Mit aller Entschlossenheit wählst Du das echte Leben, das immer werden und sterben, gewinnen und verlieren beinhaltet. Du respektierst die Menschen in ihrer Einmaligkeit und verweist sie auf ihre einzigartige Würde. Durch Deine innere Freiheit gewinnst Du viele, die sich nach einem partnerschaftlichen Umgang miteinander sehnen. Miteinander brecht ihr auf, um die Menschen zu trösten, zu heilen und zu ermächtigen im Einsatz für eine gerechtere Welt. Dabei klammerst Du Dich nicht an den Erfolg, sondern erinnerst alle an ihre göttliche Mitte, indem Du ihnen zusprichst: »Dein Glaube hat dir geholfen.« Diese Lebensweisheit des Loslassens verdichtet sich in Deinen eindrücklichen Worten: »Wer sein Leben retten will, wird es verlieren; wer aber sein Leben um meinetwillen verliert, wird es gewinnen« (Matthäus 16,25). So ermutigst Du alle, die ihnen geschenkten Gaben dankbar zu genießen und zum Wohl der Gemeinschaft einzusetzen. So entsteht intensives Leben in Beziehung, das auch noch einen Sinn im Sterben erahnt, wie Du dies aus Deiner Verbundenheit mit der Schöpfung entfaltest: »Wenn das Weizenkorn nicht in die Erde fällt und stirbt, bleibt es allein; wenn es aber stirbt, bringt es reiche Frucht« (Johannes 12,24). Darum sind für Dich durchkreuzte Lebenspläne und Hoffnungen nicht das Ende, sondern die Chance eines Neuanfangs.

Der Schmerz, die Empörung, die Wut bleiben uns auf Deinem Kreuz- und Auferstehungsweg nicht erspart, aber Du deutest eine Spur an, wie wir im Integrieren von Leid und Sterben eine neue Lebensqualität gewinnen können. Du machst Mut, alles Menschenmögliche zu tun, um Leiden zu verhindern, und zugleich zu verinnerlichen, dass es keine Liebe ohne Mitleiden gibt. Damit Du Dich selber in dieser Gratwanderung nicht verlierst, entziehst Du Dich immer wieder den Ansprüchen und Erwartungen der anderen. Du wagst regelmäßig den Rückzug ins betende Schweigen, um im Einklang mit Dir selbst und dem Lebensatem Gottes zu sein.

Zu gerne wüsste ich von Dir, wie es Dir dabei ergangen ist. Was ging in Dir vor, als Du in Treue zu Deinem Weg sogar mit Deinen besten Freundinnen und Freunden harte Konflikte hattest, um die Perspektive der Liebe nicht aus dem Auge zu verlieren? Was spürtest Du, als Dich Deine Weggefährtinnen und -gefährten vor dem Schmerz schonen wollten? Wie ist in Dir die Überzeugung gewachsen, dass es lebensfördernd ist, für die Ideale der Gerechtigkeit und Versöhnung sein Leben zu verlieren?

Ist es Deine gottbegabte Intuition, die Dein Urvertrauen stärkte, im Verlieren alles gewinnen zu können?

Ich stelle mir vor, dass Du Dich dabei manchmal sehr einsam gefühlt hast und Dein Ringen Dich viel Kraft gekostet hat. Dabei hast Du Dich – Gott sei Dank – nicht in der Opferrolle verloren, sondern bist aus innerer Überzeugung Schritt für Schritt in Deinen ureigenen Weg hineingewachsen. In Deinem Schrei am Galgen der Hoffnungslosigkeit ringst Du mit dem Leben, indem Du betest mit einem Vers aus Psalm 22: »Mein Gott, mein Gott, wozu hast du mich verlassen?«

Dein leidenschaftlicher Weg nährt mein Vertrauen, im Leben und im Sterben die Angst vor dem Verlieren sich verwandeln zu lassen, um Wesentliches zu erfahren, die bedingungslos-zärtliche Zuwendung Gottes.

Danke, Jesus, für Deine Wegbegleitung

Pierre

Dem Lebensfluss trauen

In der christlichen Tradition drücken wir in der Taufe mit dem Symbol des Wassers zentrale, existenzielle Grundhaltungen aus, die uns ein Leben lang begegnen werden. Damit sich unsere Einmaligkeit, die sich auch in unserem Vornamen verdichtet, entfalten kann, sind wir auf das Eintauchen in die bedingungslose Zuwendung und Liebe Gottes angewiesen. Wir können und müssen nicht aus uns selber leben, sondern dürfen Tag für Tag aus der unerschöpflichen, göttlichen Quelle schöpfen. Dieses Eintauchen in die tiefe Verbundenheit mit allem konkretisiert sich in unseren Beziehungen und im Eingebundensein in Schöpfung und Kosmos, das eine ökologische Achtsamkeit nährt. Zugleich führt uns die ursprüngliche Taufsymbolik mit dem Ein- und Untertauchen des ganzen Leibes ins Wasser in eine noch tiefere Lebensweisheit, die die biblische Tauftheologie des Apostels Paulus mit dem »Sterben und Auferstehen mit Christus« (Römer 6) umschreibt. Diese Worte müssen wir weder auswendig lernen, noch krampfhaft in unserem Leben suchen, weil sie eine Hoffnung spendende Deutung unseres Lebens sind, die sich im Symbol des Wassers zeigt: Wer wirklich lebendig bleiben will und sich dem Fluss des Lebens anvertraut, ist aufgerufen, Hingabe zu üben. Das Eintauchen ins Wasser ermutigt uns, die Kontrolle aufzugeben, Hingabe zu wagen, einzutauchen in das ganze Leben mit all seiner Faszination und Widersprüchlichkeit. Denn das Leben lässt sich nie in Griff kriegen, da es dauernd im Fluss ist. »Sterben und auferstehen« erfahren wir in durchkreuzten Hoffnungen, in Enttäuschungen und Rückschlägen, die wehtun und wie »ein kleiner Tod« sind. In der Taufe benennen wir diese schmerzliche Wirklichkeit und feiern, dass wir daran wachsen können, weil sich die Christuskraft in unserem Menschwerdungsprozess, in unserem Sterben und Werden ereignet. Die Symbolik des Wassers erinnert an die Ambivalenz auf dieser Lebensgratwanderung, weil es nicht nur Leben spendend ist, sondern auch eine zerstörerische Kraft hat.

Wege

Ein Weg nach innen erschließe sich dir
durch die Kraft der Rituale
die dich erfahren lassen
wie gegenwärtig die Liebe bleibt

Ein Weg der Tiefe eröffne sich dir
durch die Sprache der Symbole
die die gemeinsamen Erfahrungen verdichtet
und dich zur Dankbarkeit bewegt

Ein Weg des Vertrauens
zeige sich dir Schritt für Schritt
im Erahnen wie im Tode vollendet wird
was im Leben unvollkommen geblieben ist

Ein Weg des Glaubens sei dir geschenkt
im Einüben des Loslassens
genährt von der Hoffnung
alles der Geborgenheit Gottes
überlassen zu können

Momente, in denen nichts gut ist

In Momenten des Verletztseins
in denen ich die Welt nicht mehr verstehe
und mich innerlich verhärte
da folge ich der Spur meines Atems
um darin das Geheimnis
unseres Lebens und Glaubens zu entdecken:
Christus
der jeden Menschen bewohnt
damit wir uns alltäglich
zum Guten verwandeln können

In Momenten des Aufschreis
über all die Ungerechtigkeiten
die Menschen einander zufügen können
erinnere ich mich an die große
jahrhundertelange Weggefährtenschaft
von Frauen und Männern
die hoffen in aller Hoffnungslosigkeit
bewegt von Gottes Geist in uns

In Momenten der Sprachlosigkeit
über die Ausbeutung und Zerstörung
unserer Schöpfung
spüre ich Mutter Erde unter mir
mit meinen beiden Füßen
Bild jenes wohlwollenden Gottes
der mich trägt
und sein Ja zum Menschen
nie mehr zurücknimmt

Darum
glaube ich an Christus
der in uns jeden Tag neu geboren wird
und uns Menschen zur Solidarität verwandelt

Trauer und Heilung – ein Brief

Du gehst seit einiger Zeit einen Trauer- und Heilungsweg. Viel Schmerz und Einsamkeit, Hoffnung und Getragensein begegnen dir auf diesem inneren Weg. Du hast Zeiten erlebt, in denen deine Tränen fließen konnten, und auch Zeiten, in denen du hart geworden bist. Dein Trauerweg hat auch Klärung gebracht in deine Beziehungen. In deiner Not hast du erfahren, wen du wirklich zu deinem Freundeskreis zählen darfst. Dies bestärkt dein Vertrauen in deine ungewisse Zukunft. Deine Lebenspläne sind durch-kreuzt worden: So hast du dir deinen Lebensweg nicht vorgestellt! Mögest du behutsam erfahren, wie sich dir durch diese Wegkreuzung ein neuer Lebensabschnitt, ein neues Auferstehen ermöglicht: Geh beharrlich und vertrauensvoll Schritt für Schritt weiter. Trau deiner Sehnsucht, an diesem Schmerz wachsen und reifen zu können. Vertiefe deine Beziehungskraft im Mitteilen deiner Gedanken und Gefühle. Wage die Einsamkeit und entdecke darin den Zugang zum heiligen Ort in dir, der dich mit Leben und Tod verbindet. Wähle das Leben, indem du neben dem Weinen auch dem Lachen wieder Raum schaffst, weil du durch den Tod eines lieben Menschen das Geschenk des Lebens noch mehr genießen wirst. Erahne in all deinen intensiven Erfahrungen die Kraft der Ewigkeit – jene Lebenskraft, die sich ereignet, wenn Hoffnung und Schmerz, Vertrauen und Zweifel, Angst und Zuversicht in uns leben dürfen. Gerne bestärke ich dich, der Tiefe deines Lebens zu trauen. Sie eröffnet sich im Innehalten, im tiefen Durchatmen, im Schließen der Augen, um den ewigen Fluss des Lebens zu erahnen. Khalil Gibran sagt: »Sprich nicht voller Kummer von meinem Weggehen, sondern schließe die Augen, und du wirst mich unter euch sehen, jetzt und immer.«

Alltäglich sterben einüben
im tiefen Ein- und Ausatmen
die Angst vor dem Tod
verwandeln lassen in Vertrauen

Alltäglich sterben einüben
im bewussten Durchatmen
die Angst vor dem Abschiedsschmerz
verwandeln lassen in Hoffnung

Alltäglich sterben einüben
im tiefen Ein- und Ausatmen
die Angst vor der Endlichkeit
verwandeln lassen in Liebe

ECHTE SELBSTLIEBE
ist kein Sonntagsspaziergang
sie verwirklicht sich
im Spannungsfeld von
Vertrauen und Angst
Annahme und Empörung
Hingabe und Auflehnung

Echte Selbstannahme
ist eine Grundbedingung
um wirklich lieben zu können
im Spannungsfeld
von Glück und Schmerz
Geben und Nehmen
Gelingen und Scheitern

Echte Selbstliebe
bleibt eine Lebensaufgabe
sie lässt mich über mich hinauswachsen
im selbstbewussten Einstehen
für ein menschlicheres Miteinander

Zu-Grunde-Gehen

Intensives Leben ereignet sich nicht nur im Aufstieg und Erfolg, sondern auch im Abstieg und Scheitern. Im Kreuz- und Auferstehungsweg Jesu lerne ich, wie ich wirklich glücklich sein kann. Tag und Nacht, Sonne und Mond, Lachen und Weinen, Nähe und Distanz gehören zu einem authentischen Leben.

In unserer fortschrittsgläubigen Welt brauchen wir dringend eine Spiritualität des Karsamstags: Jesus ist hinabgestiegen in unsere Abgründe, unsere Dunkelheiten, damit niemand mehr ganz allein ist in seiner Verzweiflung, Trauer und Empörung. Sein leidenschaftlicher Weg erzählt von einem heruntergekommenen Gott, der uns an der Hand nimmt, einem neuen Morgen entgegen (…)

Seit ich der Mystik von Johannes Tauler (1300 – 1361) begegnet bin, ist mir die Spiritualität von Karsamstag ans Herz gewachsen. In einer persönlichen Krise in der Mitte seines Lebens entfaltet der Mystiker aus Straßburg eine Mystik des Zu-Grunde-Gehens: Geh den Dingen auf den Grund, auch wenn es wehtut und wie ein Sterbeprozess ist; daraus erwächst dir eine neue Lebenskraft. Jesus ging zugrunde, um uns den Sinn des Lebens aufzuschließen.

Ich kenne eine Ikone, die das Geschehen des Karsamstags zeigt: Jesus steigt hinab in das Reich des Todes. Er steigt hinunter in all die Abgründe, damit auch wir die Kraft haben, dem Schwierigen, Unerlösten, Verletzten, Zerbrechlichen unseres Lebens auf den Grund zu gehen. Nur so ist echte innere Heilung möglich.

Auf einem spirituellen Weg stoßen wir nebst dem Entdecken unserer Stärken und Gaben auch auf unsere

Grenzen, unsere Schatten. Da kommen wir allein nicht weiter, sondern sind gerufen, dem Wunder des Geschehenlassens zu trauen. Es liegt nicht nur an uns, an unserem guten Willen. Wachstumsprozesse, Versöhnung sind letztlich nicht machbar, sie bleiben Geschenk.

Geschehen lassen

Momente des Erahnens
dass Loslassen möglich ist
auch bei mir

Zu-Grunde-gehen
um diese Dimension des Urvertrauens
komme ich nicht mehr herum

Idealbilder von mir loslassen
zu mir stehen
mich verwandeln lassen

Endlich aufschreien können
mich gehen lassen
um innerlich Ja sagen zu können
zu mir
aus tiefstem Herzen

Zum Vertrauen bewegt

Ich lege mein Gesetz in ihr Inneres
und schreibe es in ihr Herz.
Ich werde ihr Gott sein,
und sie werden mein Volk sein.
JEREMIA 31,33

Ein Tagebucheintrag von Thomas Merton (1915–1968) – dem Trappistenmönch, Dichter und Mystiker – kommt mir in den Sinn, wenn ich durch das Buch des Propheten Jeremia wandere: »Vielleicht bin ich stärker, als ich denke. Vielleicht fürchte ich mich vor meiner Stärke und wende sie gegen mich selbst, um mich selbst schwach zu machen. Vielleicht fürchte ich am meisten die Stärke Gottes in mir.« Die Spannung zwischen Angst und Vertrauen angesichts der Stärke und des Wirkens Gottes zieht sich durch das atemberaubende prophetische Buch. Schon im Anfang windet sich Jeremia mit den Worten »Ich bin ja noch so jung« (Jeremia 1,6), und diese Selbstzweifel verdichten sich dann in der massiven Hinterfragung seiner Lebensaufgabe: »Du hast mich betört und ich ließ mich betören – verflucht sei der Tag, an dem ich geboren wurde …« (20,7.14).

Jeremias existenzielles Ringen ist mir Lebenshilfe. Es befreit mich von der irrtümlichen Allmachtsfantasie, immer vertrauensvoll unterwegs sein zu müssen. Sein authentisches Einbringen von Verunsicherungen und Verlorenheit ist für mich ein großer Akt des Vertrauens. Weil Jeremia in aller Ehrlichkeit zu seiner Schwäche steht, kann die Stärke Gottes in ihm Raum finden und sich entfalten.

Diese Kraft findet sich wie ein roter Faden in diesem spannenden Prophetenbuch, in der kritischen Tempelrede (Kapitel 7), im wunderbaren Töpfergleichnis (Kapitel 18) und in den drastischen Drohreden. Eine Fülle von inneren und äußeren Bewegungen gehört zu einem geerdeten Glaubensweg, auf dem ich immer wieder neu angerührt, herausgefordert und erfüllt werde durch die Lebendigkeit des Wortes Gottes. Sein Wort erreicht mich ganz neu, obwohl es schon in meinem Inneren liegt und »in unser Herz« geschrieben ist. Diese Verheißung erneuert unseren Bund, unsere Verbindung mit Gott und untereinander, denn »sie werden einander »nicht mehr belehren und weder zu den Mitmenschen noch unter den Geschwistern sagen: Lerne Gott kennen! Denn sie alle werden mich kennen, alle von Klein bis Groß« (Jeremia 31,34 nach der Bibel in gerechter Sprache).

Hoffnung?

»Haben wir Menschen wirklich nichts aus der Geschichte gelernt? Warum wiederholen sich diese sinnlosen Kriege, die ethnischen Säuberungen, die Machtspiele, die Korruption, die Unterdrückung von Minderheiten?« Fragen, die mir oft begegnen. Ein Taxifahrer fragt mich ganz direkt: »Geben Sie den Menschen noch eine Hoffnung?« Ernstfall meiner Ideale, meines Glaubens! Was soll ich sagen? Ich kenne ja auch diese Zweifel, diese Empörung über Gewalt und Folter, über die Realität, dass weltweit 250 Millionen (!) Kinder sexuell ausgebeutet werden. Ich kenne die Zeiten, in denen ich mir darüber im wahrsten

Sinne des Wortes den Kopf zerbreche und nicht weiterkomme.

Hoffnungsfunken sind für mich dann die Momente, in denen diese Fragen nicht einfach verdrängt werden oder – noch schlimmer – in klug durchdachten Systemen aufgehoben und erklärt werden, sondern in denen ich durch diese Fragen hindurch in Verbindung komme mit meiner Herzensstimme, die mich auch das Lebensfördernde neu sehen lässt, das jeden Tag geschieht. Hoffnungsfunken ereignen sich, wenn ich in die tiefere Verbundenheit mit allen Lebewesen eintauche und dadurch Dankbarkeit spüre über meinen Atem, mein Aufstehenkönnen, mein Essen und Trinken, meine Liebeskraft, meine Ausdrucksmöglichkeiten, mein Engagement. Diese Hoffnungskraft erneuert sich und leistet der Zerstörungskraft klaren Widerstand. Das rede ich mir nicht ein, sondern es geschieht wirklich, obwohl in den Zeitungen und in der Tagesschau wenig davon gesprochen wird. Spirituelle Menschen nehmen alltäglich Verbindung auf mit dieser inneren Kraft, um darin die Hoffnung zu schöpfen für einen gewaltfreien Widerstand. Meister Eckhart spricht von dieser Kraft im wundervollen Bild des Seelenfünkleins: »Und es gibt eine Kraft in der Seele, die spaltet das Gröbste ab und wird mit Gott vereint: Das ist das Fünklein der Seele.« Es gibt eine göttlich-heilende Kraft, die unaufhaltsam wirkt als Hoffnungsfunke in allen persönlichen, politisch-sozialen und ökonomischen Zusammenhängen. Sie wahrzunehmen und zu verstärken ist unser aller Aufgabe. Realistischerweise spricht der Mystiker nicht nur von dieser Seinsverbundenheit, sondern auch vom »Gröbsten, das abgespaltet wird«. Ich verstehe diese Aussage nicht im psychologischen Sinn der Abspaltung, in dem ich destruktive Teile von mir nicht integrieren will und dadurch verdränge, bekämpfe, abspalte. Ich sehe darin vielmehr die nüchterne Annahme und Aufgabe, durch Ungereimtes und Schmerzvolles, sogar durch Fehlern und Scheitern hindurchzugehen, damit sie verwandelt werden können.

Kein Mensch, keine Generation kommt um diese Prozesse herum. Darum verliere ich die Hoffnung nicht, dass wir aus unserer Geschichte lernen können. Wir tun es auch. Doch ich versuche, täglich anzunehmen, dass jede und jeder durch gewisse Lebenserfahrungen hindurch muss. Um mich in dieser Spannung nicht zu verlieren, brauche ich einen Zugang zu diesem heiligen Winkel in mir, zum Seelenfünklein, das reinigt und klärt und mich neu auf das Wesentliche ausrichtet: die Geburt Gottes, die sich befreiend-schmerzvoll ereignet, im Hier und Jetzt.

In Zeiten der Leere sich neu füllen lassen

In Zeiten der Leere
nach einer großen Anstrengung
lasse ich meine Müdigkeit zu
und versuche die verschiedenen Stimmungen
auszuhalten
damit ich mich mit Leib und Seele regenerieren kann

In Zeiten der Leere
in denen äußerlich nicht viel geschieht
vertraue ich auf die Erfahrung der Brachzeit

weil auch im Nichtstun
Wachstum sich entfaltet

In Zeiten der Leere
die sich nach beglückenden Begegnungen
auch in mir ausbreiten kann
versuche ich einfach da zu sein
um den Erfahrungen nochmals
Raum zu geben zum Nachklingen

In Zeiten der Leere
in denen ich auf mich selber
zurückgeworfen bin und
in Berührung komme mit
Enttäuschungen und Gekränktsein
laufe ich nicht weg
sondern nehme meine Gefühle ernst
so kann darauf neue Lebenskraft entstehen

In Zeiten der Leere
nach einem großen Prüfungsdruck
gönne ich meinem Körper Bewegung
und lasse meiner Seele Ruhe
damit diese Seite des Erholens
die zu kurz gekommen ist
ihren Ausgleich findet

Kraft des Lebens

Du
bist die Kraft meines Lebens
vor wem sollte mir bangen

Wenn unerträgliche Tage nicht enden wollen
wenn mein Atem der Hoffnung zu ersticken droht
wenn alles sinnlos und leer erscheint

Suche ich umso mehr nach Berührungspunkten mit Dir
wenn auch hier sich im Moment keine Spur abzeichnet
so bin ich einfach da
versuche Deine Abwesenheit auszuhalten
Bilder von Dir loszulassen
um Dich neu zu entdecken
um Dir neu begegnen zu können

Kommst Du mir entgegen
NACH PSALM 27,2

Vertrauen, wenn es auch Nacht ist

Lieber Juan de la Cruz,

unzählige schlaflose Nächte verbinden mich sehr mit Dir. Seit Monaten will ich Dir dies mitteilen. Ich habe es nicht getan und wochenlang vor mich hingeschoben. Aus Angst, nicht verstanden zu werden? Aus falscher Bescheidenheit, Dich, den großen Kirchenlehrer, mit meinen Problemen zu belästigen? Aus Unsicherheit, letztlich doch nicht ausdrücken zu können, was mich zutiefst bewegt und verunsichert?

Heute will ich es tun. Ich will versuchen, zu mir zu stehen. Ich will Dich Anteil nehmen lassen an meinem Weg durch die eigene Nacht der Menschen- und Gottesferne. Denn durch Deine Gedichte habe ich in den dunkelsten Stunden meines Lebens erahnt, dass für mich einzig der Weg durch die dunklen Abgründe innere Befreiung bewirken wird. Ein Weg, dem ich lange ausgewichen bin, weil die Angst vor der Verunsicherung und Verlorenheit in der Dunkelheit zu groß war. Irgendwann war der Leidensdruck so groß, dass ich gar keine Wahl mehr hatte. Deine Gedichte haben mir in manchen scheinbar ausweglosen Stunden ein Stück Halt gegeben. Davon möchte ich Dir erzählen. Von der Kraft, die wenige Worte, zum Beispiel »auch wenn es Nacht ist« bewirken können. Für mich ist ganz wichtig, in Dir einen Mann und Priester zu entdecken, der es wagt, sich auf einen inneren Prozess einzulassen, einen Mann, der vor den sensiblen Seiten seines Lebens nicht davonspringt und der seine weiblichen Seiten entdeckt und lebt. Deine Hymnen an die Nacht sind nicht billiger Trost auf einen neuen Morgen, sondern durchlebte innere Kämpfe, die persönliche Wandlung und Veränderung ermöglichen. Deine Gedichte gaben meinen mir oft so sinnlos erschienenen schlaflosen Nächten eine neue Dimension der Menschwerdung: die Dimension des Loslassens, des Sterbens, um neu, oder besser gesagt: endlich ganzheitlicher zu leben. (...)

Du besingst die Nacht als Ort, wo dieses neue Leben behutsam wachsen kann, weil sich in diesem Prozess Gott selbst ereignet, sogar dann, wenn wir zutiefst von seiner Abwesenheit überzeugt sind. Dieses uferlose Vertrauen bringt Dich selbst dazu, Stufe um Stufe in die eigene Dunkelheit der Seele hinabzusteigen, »ohne anderes Licht und Geleit außer dem, das in meinem Herzen brannte« (...) Ja, der Durst nach einem Leben, in dem ich mehr im Einklang mit mir selbst und dadurch mit Gott leben kann, ist jene Sehnsucht, die mich dazu geführt hat, mehr zu meinen Grenzen, Verletzungen, Schwächen und meinem Bedürfnis nach Geborgenheit zu stehen. In der Nacht gelingt mir dies besser als am Tag, weil da trotz der unendlichen Dunkelheit der Selbstzweifel und der grausamen Leiden unserer Welt jedes noch so kleine Licht die Dunkelheit erhellen kann. Deine Gedichte, die den Schmerz und die Trauer nicht überspielen und mit frommen Worten überhöhen, sondern ihnen Existenzberechtigung und Heilungskraft verleihen, sind für mich ein solches Licht.

Sei gesegnet

Gesegnet sei
dein Genießen der Fülle des Lebens
damit du immer mehr Ja sagen kannst
zu deinen Grenzen und deiner Endlichkeit

Gesegnet sei
deine Verletzlichkeit und deine Zerbrechlichkeit
damit du ein einfühlsamer Mensch bleibst
der auch in dunklen Stunden Hoffnungsfunken erahnt

Gesegnet sei
deine Annahme von Gegensätzen in dir
damit du toleranter wirst
und die Angst vor dem Fremden verlierst

Gesegnet sei
dein Klagen und Weinen
damit dein Mitgefühl Kreise ziehen kann
und echten Trost spendet

Mein Umgang mit Schuld

Bei aller Achtsamkeit, bei allem guten Willen, bei allem Bemühen: Ich bleibe mir und den anderen immer etwas schuldig. Mein bewusster spiritueller Weg wird immer unvollkommen bleiben - und das ist gut so. So bleibe ich menschlich und einfühlsam. So begegne ich dem Widersprüchlichen und Fehlerhaften im Leben nicht mit Härte, sondern mit Wohlwollen.

Atempausen verweisen mich auf eine gesunde Distanz zu dem Unvollkommenen. So kann ich verzeihen einüben - Verzeihen, das ich fördern kann und das nie machbar ist. Manchmal tragen wir uns selber und anderen eine verletzende Erfahrung nach, Wochen, Monate, Jahre lang. Im bewussten Atmen, im schweigenden Innehalten kann ich offen sein für die versöhnende Kraft, und ich kann lernen, mich anzunehmen mit jenem verhärteten Teil meines Herzens, der noch nicht vergeben kann. Das Wesentliche im Leben ist nie machbar, es ist letztlich immer Geschenk.

Mein Atem erzählt von dieser Wirklichkeit, die mich auffordert, der Versöhnung eine Chance zu geben. Ich lerne aktiv zu warten, um mit Leib-Geist-Seele verzeihen zu können. Das tiefe Ein- und Ausatmen kann auch eine Hilfe sein, krankmachende Schuldgefühle zu verwandeln. Indem ich im Hier und Jetzt verweile, bleibe ich nicht in einer lebensbehindernden Vergangenheit, sondern ich versuche Ja zu sagen zu unserer zerbrechlichen Existenz, die immer begrenzt sein wird.

Die Sehnsucht entfalten

Maria blieb nicht alleine mit ihrer Sehnsucht. Sie machte sich auf den Weg durch das Gebirge, um ihre Sehnsucht mit Elisabeth zu teilen. Als Frau, die unter schwierigen Umständen schwanger ist und in einer schwierigen Zeit des Umbruchs lebt, sucht sie sich jemanden, mit dem sie ihre Fragen teilen kann. Sie begegnet einer älteren Freundin, die in einer ähnlichen Situation ist. Ihr Sehnsuchtslied, das Magnificat, erzählt von der Kraft, die Solidaritätsbegegnungen erwecken können. Maria geht gestärkt aus dieser Begegnung hervor und stärkt mit ihrem Lied andere, ihre Sehnsucht zu entfalten.

Maria steht mit beiden Füßen auf dem Boden
sie traut ihrer Stimme
singt voller Lebenskraft ihr Lied

Maria bleibt nicht allein mit ihrer Sehnsucht
sie begegnet Elisabeth
um verbindende Fragen auszuhalten und zu gestalten

Maria nimmt ihren Standpunkt voll und ganz ein
keine billigen Kompromisse
sondern ein Plädoyer für echte Menschlichkeit

Maria atmet tief durch
damit Freundin Geist durch sie atmen kann
als Ermutigung auch Missstände zu benennen

Maria hält ihre Sehnsucht nicht zurück
sie ist ganz bei sich und erzählt
vom unerwarteten Entgegenkommen Gottes

Maria spürt die Ermächtigung
einseitige Macht zu hinterfragen
um die Armen an ihre einmalige Würde zu erinnern

Maria durchbricht ihre Tagesordnung
ermutigt zum Aufstand für das Leben
weil sie der Macht der Ohnmächtigen traut

Maria schöpft aus ihrer inneren Quelle
um daraus Widerstand zu wagen
für eine Welt
die allen Menschen Brot und Rosen ermöglicht

Maria nährt ihre Erinnerung
an den Sehnsuchtsaufbruch von Sara und Abraham
und Mirjam und Mose
und sie spürt ihre Lebenskraft

Maria singt ihr Lied
von einem zärtlichen Gott
der nicht aufgibt uns zu träumen
vom menschenwürdigen Miteinander
in allen Kontinenten

V.

Das Leben feiern

Glück der Unvollkommenheit

Zeit zum Feiern

Wenn uns in Krisen- und Umbruchzeiten ein Durchbruch gelungen ist, wenn unsere Nacht einem neuen Morgen entgegengeht, dann ist die Zeit zum Feiern da. Im Lukasevangelium werden wir ermutigt, unser Leben immer wieder zu feiern; erst recht, wenn es bedroht und blockiert war. Dort wird uns im 13. Kapitel eine Frau vorgestellt, die ein Geldstück verloren hat. Sie sucht es überall, und als sie es gefunden hat, lädt sie ihre Freundinnen zu einem Fest ein. Danach wird uns von einem Sohn erzählt, der sich verloren hat, sich selbst entfremdet war. Obwohl es ihm schwer fällt, stellt er sich der Wahrheit seines Lebens – und geht nach Hause. Sein Vater erwartet ihn ohne Vorwürfe – und es wird ein großes Fest gefeiert. Er sagt: »Mein Sohn war tot und nun ist er wieder lebendig geworden!« (Lukas 13,24) Ein Festkleid und einen Ring erhält er – tiefsinniger und beglückender kann nicht ausgedrückt werden, wie Gott sich uns durch unsere Festkultur zuwendet. Wenn wir unsere verlorene Hoffnung, unser abhanden gekommenes Vertrauen wiedergefunden haben, dann ist es heilsam, dieses Geschenk des Lebens mit anderen zu feiern. Die Kraft, die durch das Feiern wirksam wird, darf nicht unterschätzt werden.

Jetzt ist Zeit zum Feiern: All die vielen Anstrengungen, Sorgen und Verunsicherungen haben sich gelohnt. Das monatelange Auf und Ab ist wie verflogen, die Freude an der Ernte will hinausgetragen sein in unseren Freundeskreis. Sie will geteilt werden, ausgedrückt in Kreativität und Musik. Der Liebhaber des Lebens aus Nazareth wählt das Bild vom Festmahl häufig, spricht vom Essen und Trinken in Gemeinschaft, um uns zu zeigen, wie gut es Gott mit uns meint und wie seine schöpferische Kraft auch durch uns fließt. Im Singen und Tanzen, in der Ausgelassenheit werden unsere Grenzen aufgebrochen. Echte Festfreude führt Jung und Alt, Groß und Klein zusammen. Sie stillt unsere Sehnsucht nach Zugehörigkeit, nach einem tieferen Eingebundensein in einer großen Schöpfungsfamilie. Lebensfeste erzählen von der Leichtigkeit des Seins, die auf die Schönheit des Schöpfers verweist. Sie lassen uns den lachenden Segen Gottes erfahren, der uns bestärkt zum Teilen unserer Hoffnung und unserer Ängste. Sie erinnern uns an die Lebensworte Jesu: »Kommt, es steht alles bereit!« (Lukas 14,17)

Das Wesentliche ist schon da. Wir können unseren persönlichen Prozess und unsere Sorgen unterbrechen, indem wir uns hinein holenlassen in jene Freundschaftsräume, in denen wir einfach sein dürfen. Menschen, die eine Krise, eine schwere Krankheit, einen schmerzvollen Trauerweg durchlebt haben, sind aufgerufen immer wieder jene Momente mit anderen zu feiern, in denen der Glaube, die Hoffnung und die Liebe neu auferweckt werden. Da erleben wir den Segen Gottes, der uns im Leiden stärkt und der uns erinnert, wie wir zum Segen werden im Durchschreiten schwerer Zeiten. Dadurch wird unsere Welt menschlicher.

Genießen

Genieße das Leben
wohl Dir
es wird Dir gut ergehn

Lebe Zärtlichkeit
Lebensfreude
Sensibilität
Mitgefühl
Dankbarkeit

Gesegnet wirst Du so sein
NACH PSALM 128,2

Vollkommen unvollkommen

Vollkommenheit bedeutet für mich heute, annehmen zu können, dass es kein Licht ohne Schatten gibt. Das Gleichnis vom Unkraut und vom Weizen aus dem Neuen Testament hat mich befreit von erdrückenden Vollkommenheitsansprüchen, von der Allmachtsfantasie, perfekt sein zu müssen. Es wird da erzählt, dass nach dem Säen vom Weizen beim Aufgehen der Saat zugleich auch Unkraut wächst. Die Knechte wollen es ausreißen, doch der Gutsherr sagt weise: »Nein, sonst reißt ihr zusammen mit dem Unkraut auch den Weizen aus. Lasst beides zusammen wachsen bis zur Ernte« (Matthäus 13,24-30). Ein inneres Bild, das mich aufatmen lässt: beides wachsen zu lassen, Fehler machen zu dürfen, Scheitern und Versagen in mir annehmen zu können, weil es kein »reines« Wachstum gibt. Es gehört zu unserem Leben, mit dem Fremden zu ringen. Wer mich von dieser Wirklichkeit abhalten will, der verhindert meinen Weg zur Lebendigkeit. Denn ein lebendiger Mensch lernt alltäglich mit den Polaritäten, den Widersprüchlichkeiten in und um sich umzugehen. Nicht, weil wir dem Bösen einfach so ausgeliefert sind, sondern weil es zu uns gehört »bis zur Zeit der Ernte«. In diesem lebensnahen Gleichnis wird mir zuerst zugesprochen, mit meinem Schatten, mit meinen dunklen Seiten leben zu können. Zugleich wird im Gleichnis von der Kraft der Verwandlung erzählt. Bei der Ernte nach einer längeren Zeit der Unterscheidung – des Arbeitens an mir selbst – kann ich Ungutes ablegen (nicht abspalten!). In dem Gleichnis ist von Feuer die Rede, vom Verbrennen des Unkrautes und vom Sammeln der Früchte. Ein Prozess, der nicht ein für allemal in mir geschieht, sondern jeden Tag neu. In der christlichen Tradition benennen wir diese Erfahrung Kreuz und Auferstehung. Beides gehört zum Leben. Noch der auferstandene Christus zeigt dem ungläubigen Thomas die Wundmale. Sie sind nicht aufgelöst, die Narben bleiben, verbunden mit der Zusage einer besseren Lebensqualität: die sich ausdrückt eben im Annehmen von Polaritäten. Darum ist es für mich so wohltuend, bei christlichen Mystikerinnen und Mystikern zu spüren, dass die Spannung nie aufgelöst wird. Neben der Sehnsucht nach dem Aufgehobensein, dem Vereinigtsein in Gott bleibt die Erfahrung, jeden Tag neu Ja zu sagen zum Leben. Kürzlich schrieb ich zu meiner eigenen Überraschung in einem Brief: »Seit Monaten bin ich zutiefst glücklich, weil ich endlich angenommen habe, dass Unglücklichsein zu meinem Leben gehört!« Glück, Harmonie, Zufriedenheit, Freude, Liebe, Glauben, Liebe, Hoffnung sind nie zu haben in unserem Leben. Sie werden uns immer unerwartet geschenkt, damit wir uns auch der inneren und äußeren Zerrissenheit stellen können.

Geschenkcharakter des Lebens

In der Kette der Ereignisse
meines Lebens erahnen
wie das Wesentliche
weder mach- noch kaufbar ist
sondern immer Geschenk

In der Kette meiner Anstrengungen
die immer wieder zu meinem Leben gehören
erkennen wie tiefste Erfüllung
sich unerwartet ereignet

Das Kostbare des Menschseins
mir schenken lassen
im alltäglichen Staunen
über die vielen wunderbaren Momente
des Miteinanders

Inneres Auferstehen

Als spiritueller Autor ist mir das Ringen um eine neue Sprache sehr wichtig. Wortspiele eröffnen in mir einen neuen Spielraum, um Sätze zu finden für Unsagbares. Ich tue es im Bewusstsein, dass jedes Wort, jedes Bild, jedes Symbol immer auch begrenzt ist. So schreibe ich in all meinen Büchern mit Vorliebe vom Geradestehen für mein Leben, vom aufrechten Gang, vom Aufstand für den Frieden, vom Einstehen für unbequeme Themen. All dies ist inspiriert von meinem Glauben an die Auferstehung. Ich lebe aus der tiefen Hoffnung, dass Christus in all unseren Stärken und in all unseren Begrenzungen mit uns stirbt und mit uns aufersteht.

Dies erfahre ich auch in den Begegnungen mit kranken, behinderten, sterbenden Menschen. Ich bin tief berührt, wenn ich Menschen begegne, die nie mehr aufstehen können, deren Rücken für immer gekrümmt ist, die innerlich auferstehen, indem sie täglich Ja sagen zu ihrer Begrenztheit.

So begleitet mich das Bild einer gebrechlichen, blinden Frau, die bei einer Lesung mit ihrem Blindenhund in der ersten Reihe saß. Je mehr ich uns alle zu einer Spiritualität der Unvollkommenheit ermutigte, umso mehr blühte diese Frau auf. Sie sah mich aus tiefem Herzen an. Ihr inneres Auferstehen beeindruckte nicht nur mich, sondern auch die Zuhörenden in ihrer Nähe. Sie steht zu ihrer Zerbrechlichkeit und befreit durch ihre Ausstrahlung andere: Auferstehung hier und jetzt.

Einzigartig

Du bist gesegnet
in all deinem Ringen und Aufbegehren
in all deiner Sehnsucht und Hoffnung
in all deiner Verzweiflung und Angst

Du bist aufgehoben
in deinem Selbstwerdungsweg
in deinem Einsatz für die Menschenrechte
in deinem Mitgefühl mit aller Kreatur

Du bist gesegnet
jeden Tag neu
in deiner Einmaligkeit und Stärke
in deiner Einzigartigkeit und Schwäche

Sich mit der eigenen Geschichte versöhnen

Das Pferd macht den Mist in dem Stall, und obgleich der Mist Unsauberkeit und üblen Geruch an sich hat, so zieht dasselbe Pferd denselben Mist mit großer Mühe auf das Feld; und daraus wächst der edle schöne Weizen und der edle süße Wein, der niemals wüchse, wäre der Mist nicht da. Nun, dein Mist, das sind deine eigenen Mängel, die du nicht beseitigen, nicht überwinden kannst, die trage mit Mühe und Fleiß auf den Acker des liebreichen Willens Gottes in rechter Gelassenheit deiner selbst. Streue deinen Mist auf dieses edle Feld, daraus sprießt ohne al-

len Zweifel in demütiger Gelassenheit edle, wonnigliche Frucht auf.

Ein sehr eindrückliches Bild, das Johannes Tauler (1300 – 1361) hier verwendet. Ich entdecke darin den Zuspruch, dass ich mit all meinen Schattenseiten sein darf, weil auch daraus etwas Gutes entstehen kann, wenn ich bei ihnen und in meinem Ärger über sie oder meiner Ungeduld mit ihnen nicht haltmache, sondern sie »hinaustrage auf den Acker des Willens Gottes«. Es bedeutet für mich, alltäglich all meine Gefühle und Gedanken wahrzunehmen, um sie verwandeln zu lassen.

Dieser Verwandlungsprozess ist nicht einfach; zu ihm gehört, an sich selber, dem eigenen Charakter, der eigenen Persönlichkeit zu arbeiten – in dem Wissen, dass dieser Prozess notwendig und gleichzeitig nicht machbar ist. Ich begegne in ihm auch meinem Ärger, meinen Aggressionen, meiner Wut. Diese Gefühle gehören zu meinem Leben und sie brauchen Raum zur Entfaltung, wenn ich lebendig bleiben will. Zur Lebendigkeit gehört das Ja-Sagen zur eigenen Geschichte in den verschiedenen Phasen des Lebens. Es ist ein Ja, das – davon bin ich überzeugt – Gott seit meiner Geburt in meine Existenz hineingelegt hat und nie mehr zurücknimmt. Ein Ja, das Christen in der Taufe feiern und das jeden Tag neu in mein Leben hineingesprochen werden kann und muss, im Schweigen und in den Begegnungen. Ein Ja, das ich erfahre im Entfalten meiner Fähigkeiten und im Annehmen meiner Grenzen.

Da liegt der wahre Grund der Versöhnung mit mir und meiner Geschichte. Dies betrifft vor allem auch jene Menschen, denen Widerwärtiges und Gewaltvolles in ihrem

Leben, zum Beispiel in ihrer Kindheit, widerfahren ist. Es betrifft jeden Menschen, der sich ehrlich eingesteht, dass auch »Mist und Mängel« zu seinem Leben gehören. Dieses behutsame und bestimmte Annehmen der eigenen Grenzen und der Grenzen der anderen ist für mich das Ziel eines Versöhnungsprozesses. Letztlich gehört dazu das Ja-Sagen zur eigenen Vergänglichkeit, zum Sterben. Ein schwieriger Weg, und er kann – je nachdem, wie die eigene Geschichte verlaufen ist – viel Zeit brauchen.

Nach langem intensivem Ringen erahne ich selbst bei mir etwas von dieser Versöhnung. Ich kann mich versöhnen mit meiner Biografie, wenn ich den Vollkommenheitsanspruch aufgebe, der mich dauernd überfordert. Mir sind auf diesem Weg die Geschichten vieler biblischer Personen zur Lebenshilfe geworden. Denn sie werden von Gott nicht ausgewählt und angesprochen, weil sie eine große Karriere und viel Erfolg aufweisen können. Nein, ihr Angesprochenwerden geschieht in einer Weise, die eine auch in jedem und jeder von uns liegende tiefe Sehnsucht widerspiegelt: die Sehnsucht, trotz vieler Widersprüchlichkeiten und Unglaubwürdigkeiten angenommen zu sein, vor allem Tun und aller Leistung.

Dieses grundsätzliche Angenommensein ist kein Freipass für unverantwortliches Handeln. Ganz im Gegenteil, dieses Sein-Dürfen mit Licht und Schatten eröffnet eine verantwortungsvolle Ethik, bei der die Rechte jedes Menschen und die Bewahrung der Schöpfung aus innerer Überzeugung und nicht aus Angst und mit dem Ausdruck lebensverneinenden Moralins gefördert werden. Dieses Ja-Sagen zu mir und zu meiner Geschichte wird mir zur Lebensaufgabe, besonders in den Grenzsituationen des Lebens und in Situationen, in denen meine Pläne durchkreuzt werden. Das im christlichen Glauben zentrale Geschehen von Kreuz und Auferstehung ist für mich Grund tiefster Versöhnung mit mir, mit dem Leben, mit Gott: Denn der Kreuz- und Auferstehungsweg Jesu zeigt, dass es keine Liebe ohne das Leiden gibt. Leiden, das wir mit all unserer Kraft verhindern und zugleich in unser Leben integrieren müssen.

Mir verzeihen können

Mich versöhnen mit mir selbst heißt, mir verzeihen können. Dies wird nur möglich, wenn ich auch vor mir selbst nicht perfekt sein muss und mir eingestehe, dass Fehler, Scheitern, Widersprüchlichkeiten zu meinem Leben gehören. Je mehr ich auch vor anderen zu meinen Grenzen stehen kann, umso besser können sie damit umgehen. Dadurch geschieht Verwandlung: wenn ich zu meinem »Mist« stehe und darüber rede, ihn »hinaustrage«, um mit mehr Distanz ihn anzusehen, damit ich sogar daran wachsen und reifen kann.

Das innere Kind umarmen

Wenn Jesus vom Himmel im Alltag redet, dann stellt er ein Kind in die Mitte und umarmt es. Er tut dies erst recht, als ihm Widerstand begegnet und die Jünger ihn davon abhalten wollen. Werden wie ein Kind bedeutet für mich: jeden Tag neu anfangen können. Auch im Alter darf ich noch klein anfangen, um mich mit unerkannten, ungewohnten Seiten in mir vertraut zu machen. Indem ich im Innehalten, im Stehen oder Sitzen und im bewussten Ein- und Ausatmen eine Hand auf meinen Bauch und die andere auf meine Brust lege, drücke ich aus, wie ich mit meinen Polaritäten in mir umgehen will. Nur wenn ich sie wohlwollend annehme, kann ich sie gestalten, inspirieren, sich verwandeln lassen. Im Annehmen meiner Schwächen liegen meine Stärke und meine Größe. Dies gilt ebenso für die Entfaltungen von Fähigkeiten in mir, die zu lange klein gehalten wurden. Auch meine Schattenseiten haben ihre Lichtseiten, die es zu entdecken gilt. Das Bild des inneren Kindes hilft mir, behutsam und bestimmt in mir das Reifen zu fördern.

Tanz des Lebens

In unserer Gesellschaft brauchen wir eine Kultur der Lebensfreude, die nicht mit dem Zwang zum Spaß verwechselt werden darf. Echte Lebensfreude verwirklicht sich, wenn wir uns nicht nur durch Leistung definieren, sondern uns zur Leichtigkeit des Seins bewegen lassen. Die Mystikerin Madeleine Delbrêl (1904-1964) sagt es mit bezaubernden Worten: »Wir haben aus dem Leben eine Turnübung gemacht und dabei vergessen, dass es in den Armen Gottes getanzt sein will.«

Das Leben als Tanz zu sehen, heißt nicht nur vorwärts kommen zu wollen, sondern auch seitwärts sich drehen zu können, um offen zu sein für die Mitwelt.

Alles bereit

»Kommt, alles ist bereit«, heißt es in einem Gleichnis Jesu im Neuen Testament. Es ist eine Einladung zu einem Hochzeitsmahl (Lukas 14,17). Diese Worte strahlen die Gelassenheit aus, dass das Wesentliche schon da ist. Die Antworten all meiner Fragen sind in mir. Das Leben ist mir geschenkt. Ich werde es mir nie erleisten können. Meine Aufgabe liegt darin, die Einladung anzunehmen. Die Einladung der tiefen Lebenskraft in mir, der Christuskraft als Quelle des Lebens in mir, erfolgt täglich – sie erfolgt jede Sekunde meines Lebens an mich. Mit dieser Einladung zu rechnen, auf sie zu hören, ihr Raum zu verschaffen, ihr eine Priorität im Leben einzuräumen, gehört zum Zentrum eines spirituellen Weges der engagierten Gelassenheit. Ich gehe diesen Weg Schritt für Schritt, indem ich mir den Tag hindurch morgens, mittags, abends, am Wochenende Zeit nehme, um nachklingen zu lassen, was ich erlebt habe. Denn in meiner Lebenslust, meinen Enttäuschungen, meinen Visionen, meiner Unzufriedenheit höre ich die Worte Jesu: »Es ist alles bereit!« In diesem achtsamen Verweilen, im Ernstnehmen der Gegenwart gestalte ich aktiv und verantwortungsvoll an meiner und an einer menschlicheren Zukunft. Die Tiefe meiner Erfahrungen entdecke ich, wenn ich verweile, wenn ich anders sehe und wahrnehme. Anthony de Mello zeigt es in einer wunderbaren Geschichte auf:

»Es gibt drei Stufen in der geistigen Entwicklung eines Menschen«, sagte der Meister. »Die sinnliche, die geistige und die göttliche.«

»Was versteht man unter der sinnlichen Stufe?«, fragten die interessierten Schüler.

»Das ist die Stufe, auf der Bäume als Bäume und Berge als Berge angesehen werden.«

»Und die geistige?«

»Auf der sieht man tiefer in die Dinge hinein, dann sind Bäume nicht mehr Bäume und Berge nicht länger Berge.«

»Und die göttliche?«

»Nun, das ist die Erleuchtung«, sagte der Meister mit einem leisen Lachen, »wenn die Bäume wieder zu Bäumen und Berge wieder zu Bergen werden.«

Diese Erleuchtung, dieses leise Lachen, wünsche ich uns im Entdecken des Wunderbaren im Alltäglichen. Es geschieht, wenn ich die Erwartung einer großen Erleuchtung durchbreche, wenn ich das große Wunder wahrnehme, das sich im Nachwirkenlassen meiner Erfahrungen ereignet.

Gelassen der Mensch
der nicht zu weit sucht
der im Alltäglichen
dankbar staunt über die
wunderbaren Vertrauenszeichen
Gottes in dieser Welt

Die Schöpfung segnen

Segnend mit der Schöpfung umgehen, bedeutet sie gutzuheißen. Wir können mit der Erde nicht umgehen, als ob wir eine zweite in Reserve hätten! Wir segnen sie, indem wir behutsam mit ihr umgehen und ökologische Achtsamkeit üben: indem wir Fahrrad fahren, öffentliche Verkehrsmittel benutzen, biologische Produkte kaufen und faire Preise bezahlen. So genießen wir die Gaben der Schöpfung und tragen Sorge für sie, damit auch unsere Kinder eine Zukunft haben.

Was jetzt gut tut

Zeit zum Feiern
nährt die heilenden Kräfte der Seele
richtet uns innerlich auf
stiftet uns an zur Hoffnung

Zeit zum Feiern
in aller Einfachheit zusammen sein
in Schmerz und Vertrauen
in Angst und Hoffnung

Zeit zum Feiern
die Zukunftsängste durchbrechen
im dankbaren Wahrnehmen
was jetzt gut tut und stärkt

Einfach

Der Einfachheit des Lebens
Ehre erweisen
dem Kleinen
Unscheinbaren
Alltäglichen
Aufmerksamkeit schenken

In Beziehung treten mit dem Leben
Berührungsängste überwinden
auf den Zwischenraum achten
damit echte Begegnung möglich ist

In mir selber
das Kleine in die Mitte stellen
es kraftvoll in den Armen hochhalten
das Spielerische im Leben neu entdecken
in die Schwingung des Lebens mich einlassen
im Dasein
im Zuhören
im Mitsein

Das Königskind in jedem Menschen entdecken
einmalig
geheimnisvoll
verletzlich
verwandlungsfähig

Ein Leben lang
einfach spielerisch bleiben

Heute …

… fühle ich mich dünnhäutig und verletzlich, einfach so. Es ist mir ganz unwohl in meiner Haut. Ich bin außer mir. Immer wieder dieses unmögliche Theater: Wann werde ich mich endlich ändern? Wie werde ich all den Anforderungen des heutigen Tages gerecht?

Jetzt …

… habe ich die Möglichkeit, mir selber und meinen Gefühlen gerecht zu werden. Ich werde sie nicht wie gewohnt überspielen, sondern versuchen, sie anzunehmen, ohne sie zu beurteilen und zu bewerten. Eine schwierige Gratwanderung, denn mein Anspruch, vollkommen zu sein, sitzt tief in mir.

Ich werde den anderen meine verletzliche Befindlichkeit mitteilen, damit der Druck weicht.

Ich wage die nächsten Wochen, Monate und Jahre einen Weg in die Tiefe, in dem ich mich verabschiede von all den Allmachtsfantasien, die unser Leben immer unmenschlicher werden lassen.

Ich suche mir Hilfe und lasse mich begleiten auf diesem Heilungsweg. Schritt für Schritt werde ich diese Reise nach innen gehen, im Verweilen im Augenblick.

Stunde für Stunde schließe ich einen Moment die Augen, atme tief durch, um klarer zu sehen, dass ich sein darf mit meinen Schwächen und Stärken.

Ich gönne mir Oasen – beim Schwimmen, Spazierengehen, Joggen –, damit meine Lebensräume wachsen.

Die Sorgen gehen lassen

Beim Wandern wächst in mir eine tiefe Freude. Ich fühle mich getragen und je länger ich gehe, umso mehr kann ich auch meine Sorgen gehen lassen. Ich freue mich an der heilenden Grünkraft, die mich mein Leben in einer tieferen Verbundenheit wahrnehmen lässt. Ich werde leicht, weil ich den Druck des Alltags und die Schwere abgeben kann. »Leichtigkeit ohne Schwere ist Kitsch«, betont der Schriftsteller Milan Kundera. Beim Wandern gehe ich entlang der Freude, die mir durch die grenzenlose Pracht der Schöpfung entgegenkommt. Ich muss sie nicht suchen, sondern werde von ihr gefunden und heimgeholt!

Freude zieht Kreise

Freuen werden sich
alle gastfreundlichen Menschen
die Glück im Teilen erfahren
ihre Ausstrahlung wird beeindrucken

Freuen werden sich
alle tiefsinnigen Menschen
die die Kraft der Liebe feiern
die sogar stärker ist als der Tod

Freude zieht unaufhaltsam Kreise
jeden Tag neu

Gegenwart feiern

Du
schenkst mir deine Gastfreundschaft
suchst mich auf
längst bevor ich dich suche
lädst mich ein zum Verweilen

Du
bewegst mich zur Gastfreundschaft
zeigst mir auf
wie im Teilen von Freud und Leid
sich intensives Glück ereignet

Du
stiftest uns an zur Gastfreundschaft
mutest uns den Aufbruch zu
um in Kampf und Kontemplation
deine Gegenwart zu feiern

Weinen und Feiern

Mitten in der Verunsicherung
gemeinsam ein Hoffnungsfest feiern
als gegenseitige Stärkung
als vertrauensstiftende Ermutigung

Mitten im Schmerz
sich einfinden zum Vertrauensfest
sich erinnern wie unerwartet
uns heilende Kräfte geschenkt werden

Mitten in der Ohnmacht
einander den Rücken stärken
Tränen fließen lassen
damit unsere Lebenskraft spürbar wird

Bewegt zur Liebe

Beatrijs von Nazaret (1220-1268) war Priorin im Kloster Nazaret bei Lier in der Nähe von Antwerpen. Ihre Sprache lässt eine starke Persönlichkeit erkennen, die alle Höhen und Tiefen eines inneren Weges kennt. Sie ist geprägt von der Liebesmystik, wie sie auch beim Begründer des Zisterzienserordens Bernhard von Clairvaux (1090-1153) in seinen bekannten Predigten zum biblischen Hohelied der Liebe entfaltet ist oder bei den Minnesängern. Ihre Sehnsucht nach einer Gottesliebe, die sich in der Selbst- und Nächstenliebe entfaltet, drückt sie im Bild der Minne aus. Sie spricht von »Sieben Graden der Minne« und meint damit verschiedene Erfahrungsaspekte der Seele, die sich gegenseitig ergänzen. Ihre Erfahrungen befreien zu einem bewegten Leben, in dem schöne und schmerzliche Erfahrungen immer zu einer echten Gottessuche gehören:

1. *Sehnsucht:* Wer sich auf das Wagnis einer Liebesbeziehung einlässt, der darf hoffen, dass er zu sich selbst verwandelt wird. Verwandlung wird möglich, wenn ich durch intensive Begegnungen mit dem anderen wahrnehme, wie ich wirklich bin. Achtsamkeit hilft mir, um auf der spannenden Entdeckungsreise mir und dem/der anderen neu zu begegnen.
2. *Selbstlosigkeit:* Echte Selbstlosigkeit kann sich nur entfalten, wenn ich ein Leben lang einübe, ich selbst zu werden. Einfach da sein zu können, braucht Ich-Stärke und Vertrauen. Damit ich nicht fixiert auf mich selbst bleibe, hilft mir die Gabe, meine Be-

dürfnisse anzumelden, damit ich sie im Austausch auch wieder relativieren kann.

3. *Verunsicherung:* Wer sich dem Leben liebend in die Arme wirft (Luzia Sutter Rehmann), wird zur Hoffnung bestärkt und wird verletzlicher, berührbarer. Je näher und intimer sich Menschen begegnen, umso intensiver erfahren sie, wie Glück und Schmerz, Vertrauen und Verlorenheit ganz nahe beieinander sind.
4. *Berührung:* Sternstunden sind uns verheißen, in denen wir ganz unerwartet aufgehen in einem größeren Ganzen. Kostbare Momente, in denen wir voll da sind und ganz weg. Bezaubernde Glückserfahrungen, die uns über uns selbst hinauswachsen lassen.
5. *Verwandlung:* Je mehr unsere Schutzpanzer aufgeweicht werden und wir unsere Kontrolle aufgeben, umso stärker werden wir von der Kraft der Liebe berührt, die jedoch nie zu haben sein wird. Es soll uns nicht überraschen, wenn wir im grenzenlosen Meer der Glückseligkeit die Begrenztheit und Endlichkeit des Lebens noch mehr spüren.
6. *Nähe-Distanz:* Eine unglaubliche Spannung entfaltet sich, damit unser Leben spannend bleibt! Unsere Lebensaufgabe besteht darin, dieses Wechselspiel anzunehmen und zu integrieren. Echte Gelassenheit beginnt mit der Kunst des Einlassens auf alle Facetten eines Beziehungsweges.
7. *Glück:* Versenkung ereignet sich, ein Aufgehen in der Liebe Gottes, das die Sehnsucht und Hingabe noch größer werden lässt. Tiefe Einheitserfahrungen, in denen uns Raum und Zeit wie aufgeho-

ben erscheinen, sind uns verheißen. Gottes Liebe gebiert sich in unserer erotischen Liebeskraft. So schließt sich der Kreis, der uns zum Anfang, zur ersten Erfahrung zurückführt!

Diese Zusammenfassung der »Sieben Grade der Minne« ist sehr dicht. Es lohnt sich, sie mehrmals und laut einander vorzulesen. Sie kann zu einem partnerschaftlichen Gespräch ermutigen, in dem wir versuchen, unsere eigenen Erfahrungen in dieser alten Lebensweisheit zu erkennen. In einer kritischen Haltung, weil eine gesunde Spiritualität uns einen Freiraum schenkt, in dem wir hinterfragen dürfen, mitschwingen können und unsere Ängste und Zweifel einbringen können. Wenn ich in meinen Seminaren mit dieser Zusammenfassung arbeite, dann bitte ich die Teilnehmenden, beim Lesen darauf zu achten, die sieben Aspekte nicht dualistisch (= trennend) zu lesen. Unbewusst sind wir in Gefahr, Selbst-, Nächsten- und Gottesliebe gegeneinander auszuspielen. Dadurch verraten wir die Kernaussage der christlichen Spur, die uns von der verrückten Hoffnung erzählt, dass Gott Mensch wird aus Liebe. Jesus von Nazaret hat uns aufgezeigt, dass wir nicht von Gott getrennt sind. Liebende Menschen können darum auch in ihrer erotisch-sexuellen Zuwendung die Menschwerdung Gottes in sich erahnen. Mich haben diese »Sieben Grade der Minne« von Beatrijs von Nazaret zu folgender Meditation inspiriert:

Hautnah
lässt die Liebe Gottes sich erfahren
als Quelle unserer sexuellen Hoffnungskraft
die unser Denken und Fühlen übersteigt

Leibhaft
ereignet sich das Einwohnen des Ewigen
in der liebend-leidenschaftlichen Begegnung
die uns zur Zärtlichkeit mit aller Kreatur bewegt

Bewegt
vom Lebensatem
lassen wir uns zutiefst berühren zum Vertrauen
im Aushalten vieler Ungewissheiten
im Hoffen in Ohnmacht
im Lieben in Verwundbarkeit

Du
bist unser erotischer Beweggrund der Liebe

Leben aus Gottes Kraft

Leben aus Gottes Kraft
eintauchen
in die Wirklichkeit
des Getragenseins

Leben aus Gottes Kraft
schöpfen
aus der Zusage
im Schweren begleitet zu sein

Leben aus Gottes Kraft
staunen
über die alltäglichen Wunder
die uns eine neue Weite schenken

Leben aus Gottes Kraft
aufbrechen
mit Gottes Traum
einer zärtlicheren Welt

Leben aus Gottes Kraft
aufstehen
ruhen
zupacken
genießen
miteinander das Leben feiern

VI.

Loslassen und sich einlassen auf die Welt

Engagement und Vertrauen

Lächle deinem Tag zu

Lass dich heute nicht verkrampfen
vertrau dem Fluss des Lebens
der dich verbindet
mit all den engagierten Menschen
die mit Entschiedenheit und Humor
mitten im Alltag stehen

Lass dich nicht leben heute
vertraue deiner Verwurzelung
die dich daran erinnert
wie seit Jahrhunderten
Frauen und Männer
aus der Kraft der Tiefe leben

Lächle deinem Tag zu
nicht einmal für allemal
sondern immer wieder
beim Verweilen im Augenblick

Über sich hinauswachsen

Der wahre Realist ist Visionär.
FEDERICO FELLINI

Ich gebe meinen Traum von einer Welt nicht auf, in der jede und jeder einen Beitrag einbringt für ein gerechteres und zärtlicheres Zusammensein. Meine Lebendigkeit wächst, wenn ich mein Eingebundensein im konkreten Engagement erneuere. Teilhard de Chardin hat dies erfahren: »Es macht den Wert und das Glück des Menschen aus, in etwas Größeres aufzugehen als man selbst ist. (...) Meine ganze Spiritualität besteht darin, mich immer mehr Gottes Gegenwart und seinem Wirken aktiv zu überlassen. Mit dem Werden ›eins‹ zu sein, das ist meine Lieblingsformel geworden, die Formel meines Lebens.« Dies gelingt nicht alleine. Ich brauche Unterstützung, denn die Ohnmacht, nichts verändern zu können, sitzt tief in unserer Gesellschaft. Ich brauche Verbündete, Sympathisantinnen, die mich ermutigen, meine Lebendigkeit wach zu halten. Auch im Buddhismus wird die Kraft der Gemeinschaft, der Sangha, betont: »Es ist unerlässlich, zusammen mit einer Sangha zu praktizieren. Selbst wenn wir den Übungsweg hochachten, so kann es doch schwierig sein, ihm ohne die Unterstützung einer Sangha zu folgen«, meint Thich Nhat Hanh. Für mich ist es die kirchliche Gemeinschaft, die sich in unserem »offenen Kloster« konkretisiert. Was ich heute bin, bin ich dank und trotz der kirchlichen Gemeinschaft geworden. Lebendiger wurde ich nicht nur durch die Unterstützung, sondern auch durch den Widerstand und das

Entdecken meines ganz eigenen Weges. Doch der Kreis ist viel größer, es sind Menschen guten Willens auf der ganzen Welt, denen ich mich verbunden weiß. (…)

Darum geht es auf dem spirituellen Weg: den Blick zu weiten. Dies geschieht, wie Fellini sagt, im Wahrnehmen der Realität: So entstehen neue schöpferische Möglichkeiten. Je mehr Menschen in Gott verwurzelt sind, umso mehr können sie über sich selbst hinauswachsen. Johannes XXIII. ist mir da ein leuchtendes Beispiel: Der Papst engagierte sich nicht, weil er sich stark fühlte, sondern weil er zu seiner Unzulänglichkeit stand. Das befreit und weckt neues Leben. Humorvoll sagte er: »Papst kann jeder werden. Der beste Beweis bin ich!«

Im Entdecken und Fördern meiner Lebendigkeit erfahre ich ein Stück Himmel im Alltag. Diese Erfahrung vor allem mit den Verlierern und Verliererinnen unserer Gesellschaft zu teilen, lässt mich glücklich werden. Dabei erneuert sich, was ich als Zusammenfassung meiner Spiritualität zu Psalm 1 geschrieben habe:

Verwurzelt der Mensch
der darauf vertraut
dass es sehr wohl auf ihn ankommt
aber letztlich nicht von ihm abhängt
er wird nicht alleine gegen den Strom schwimmen
und die göttliche Quelle
immer neu in sich entdecken

Sich finden lassen

Jesus sprach: Die Zeit ist erfüllt
und das Reich Gottes ist nahe.
Kehrt um und glaubt an das Evangelium!
MARKUS 1,1

»Entscheidend im Leben ist, dass wir immer schon Gefundene sind«, sagt die Mystikerin Dorothee Sölle (1929–2003) in ihrem letzten Vortrag zum Thema Gott und das Glück. Sie erinnert uns an eine befreiende Lebensgrundhaltung: Wir müssen Gott nicht immer suchen, weil wir uns von ihm finden lassen können. Diese Gute Nachricht verdichtet sich auch am Anfang des Markusevangeliums. Das Wesentliche ist schon da. Gott wohnt und wirkt jetzt schon in jedem Menschen. Dieser Zu-spruch stärkt uns vor allen An-sprüchen. Die Auferstehungskraft erneuert sich uns, wenn wir hineintauchen in diese ermutigende Vor-gabe unseres Daseins. Ein neuer Horizont eröffnet sich uns, der auch all unserem Ringen, Zweifeln und Klagen eine Hoffnungsperspektive aufzeigt. Gott, die Quelle unseres Lebens, kommt all unserem Tun mit seiner Gnade, seinem Entgegenkommen zuvor. Der islamische Sufimeister Rumi (1207–1273) erzählt in poetischen Worten von diesem Urvertrauen: »Nicht nur die Durstigen suchen das Wasser – das Wasser sucht auch die Durstigen.« Die göttliche Ausstrahlungskraft Jesu lässt Menschen diese Wende erfahren. Jene innere Wende, die kranke Menschen eine heilende Kraft erfahren lässt, Zerbrochene ihre versöhnende Spur, Entrechtete ihre einmalige Würde und Verzweifelte ihren Weg zum Licht. Sie warten nicht mehr ein Leben lang auf ein großes Wunder, sie erkennen im Hier und Jetzt, in der Kraft des Augenblicks, den wunderbaren Lebensatem Gottes als nährende Gegenwart.

Du
bist die Mitte unseres Daseins
längst bevor wir dich suchen

Du
kommst uns entgegen mit Wohlwollen
nimmst uns an wie wir jetzt sind

Du
führst uns zum Wendepunkt
bist uns heilend-versöhnend nahe

Du
richtest uns auf zum Wesentlichen
bestärkst uns zum einfachen Lebensstil

Du
Quelle unseres Mitseins

Vision und Engagement

Meine Hoffnung wird dadurch genährt, dass ich die verbindende Lebenskraft der uralten Lebensweisheiten, die sich in allen Traditionen und Kulturen finden, entdecke. Da trete ich ein in größere Räume, die die Enge der Konfessionen und Religionen überwinden. Erstaunlich ist dabei für mich, dass sich mein Profil, meine Verwurzelung in der christlichen Tradition, verstärkt. Je tiefer ich verwurzelt bin, desto mehr verliere ich die Angst vor dem Fremden und Unbekannten und entdecke paradoxerweise immer mehr Ähnlichkeiten. (…)

Unsere Welt braucht vordringlich Menschen mit Rückgrat, die ihr inneres Feuer für ihre Vision brennen lassen, die bereit sind, sich auch ehrenamtlich für ein Projekt zu engagieren. Menschen, die einüben anzunehmen, dass sie nicht alles ernten können, was sie jetzt mit Leib und Seele säen. Sie sind bereit, in der Minderheit zu sein, mit Rückschlägen zu rechnen, also konkret »sterbend« in ihrem Engagement zu sein, damit zukünftigen Generationen die Frucht davon zukommt. Dies bedeutet, Weizenkorn zu sein, sich in die Erde im Vertrauen fallen zu lassen, dass andere ernten können (Johannes 12,24). In solcher Spiritualität des Sterbens engagiere ich mich weiterhin für eine menschlichere, offenere Kirche. In dieser winterlichen Kirchenzeit mit einem wachsenden Reformstau, der so viel Leiden bewirkt, gebe ich meine Hoffnung auf den Frühling einer Kirche nicht auf. Konkret heißt das für mich: annehmen, dass ich es vielleicht nicht mehr erlebe, was aber sicher kommen wird – beispielsweise verheiratete Priester und Priesterinnen!

Denk-mal

Denk mal
nie vergessen
Gefolterte
Missbrauchte
Entwürdigte
Opfer eines Amoklaufes
Vertriebene
Vergaste
Wegrationalisierte
Papierlose

Denk mal
nie vergessen
die Wundmale unserer Zeit
weil das Ethos einer Gesellschaft
sich auszeichnet
im Umgang mit den Ohnmächtigsten

Denk mal
in der Solidarität mit den Schwächsten
miteinander Stärke entwickeln

Haben oder Sein

Eine Spiritualität des Loslassens ist keine individuelle Sache – sie ist höchst politisch. Dies hat der Psychoanalytiker und Sozialphilosoph Erich Fromm (1900 – 1980) eindrücklich in seinem Spätwerk *Haben oder Sein* formuliert. Für ihn ist »die Tendenz zum Haben charakteristisch für den Menschen der westlichen Industriegesellschaft, in der die Gier nach Geld, Ruhm und Macht zum beherrschenden Thema des Lebens wurde«. Möglichkeiten, aus diesem egoistischen Habenwollen auszubrechen, findet Fromm unter anderem bei Meister Eckhart: »Eckhart hat den Unterschied zwischen Haben und Sein mit einer Eindringlichkeit und Klarheit beschrieben und analysiert, wie sie von niemandem je wieder erreicht worden ist. Laut Eckhart ist unser Ziel als Menschen, uns aus den Fesseln der Ich-Bindung und der Egozentrik, das heißt des Habenmodus, zu befreien, um zum vollen Sein zu gelangen. (…) Sein ist Leben, Aktivität, Geburt, Erneuerung, Ausfließen, Verströmen, Produktivität. Sein im Sinne Eckharts heißt aktiv sein im klassischen Sinn, als produktiver Ausdruck der dem Menschen eigenen Kräfte, es heißt nicht ›geschäftig‹ sein im modernen Sinn. Aktivität bedeutet bei ihm ›aus sich selbst ausgehen‹, das er in vielen Bildern beschreibt.«

Das Einüben des Loslassens gilt es in diesem großen, verbindenden Zusammenhang zu sehen. In sich gehen; sich, andere und Gott loslassen ist dabei entscheidend, um kraftvoller aus sich herauszugehen, das heißt mit zu gestalten an einer gerechteren Welt im Hier und Jetzt. Sie verwirklicht sich, wenn Menschen ihre Angst vor der Zukunft loslassen und einen einfachen Lebensstil einüben, in dem neue Formen des Zusammenlebens und Teilens gesucht werden: Ich überwinde das Habenwollen, indem ich überprüfe, wie ich mit meinem Geld umgehe, auf welcher Bank ich es anlege, wie viel ich für mich brauche und wie viel ich weitergebe.

Die Worte des Mailänder Bischofs Ambrosius aus dem 4. Jahrhundert sind mir beim Teilen bis heute wegweisend: »Die Erde ist für alle geschaffen worden ohne Unterschied. Die Natur kennt keine Reichen, sie bringt nur Arme hervor. Was du den Armen gibst, ist nicht dein Gut, du gibst ihnen vielmehr einen Teil von dem zurück, was ihnen gehört. Denn das Gut, das du an dich reißt, ist ein gemeinsames Gut, das allen zum Gebrauch gegeben wurde.«

Es ist nicht unser Fleiß allein, der unseren Wohlstand ermöglicht, sondern auch das Fördern von Billiglöhnen in vielen armen Ländern. Darum ist das bewusste Einkaufen und das Bezahlen von fairen Preisen ein spiritueller Akt. Ich überwinde das Habenwollen bei der Suche nach Verbündeten, die sich sozial und politisch engagieren. Auch in meiner Umgebung finden sich andere Menschen, die ihre Spiritualität im politischen Engagement ausdrücken wollen. (…)

Ich überwinde das Habenwollen in der Aufmerksamkeit dafür, welches Menschenbild ich habe. Bleibt jeder Mensch für mich Subjekt? Wann mache ich ihn – manchmal auch unbewusst – zum Objekt? Ich hinterfrage kritisch die Menschenbilder unserer Konsumgesellschaft, die sich durch Statussymbole, Markenartikel, Schönheitsideale, Coolsein von der tiefen Sehnsucht nach Selbstwerdung entfernen.

Ich überwinde das Habenwollen, indem ich ökologische Achtsamkeit fördere – beim sparsamen Umgang mit der Energie, beim Benutzen öffentlicher Verkehrsmittel, im biologischen Gartenbau, bei der Benutzung von umweltverträglichen, biologisch gut abbaubaren Hausreinigungsprodukten, im Widerstand gegen die atomare Bedrohung.

Ich überwinde das Habenwollen im Verwurzeltsein in den Verpflichtungen eines Weltethos, wie sie der Theologe Lukas Niederberger treffend so zusammenfasst:

- Verpflichtung auf eine Kultur der Gewaltlosigkeit und der Ehrfurcht vor allem Leben
- Verpflichtung auf eine Kultur der Solidarität und eine gerechte Wirtschaftsordnung
- Verpflichtung auf eine Kultur der Toleranz und ein Leben in Wahrhaftigkeit
- Verpflichtung auf eine Kultur der Gleichberechtigung und der Partnerschaft von Mann und Frau.

Ich überwinde das Habenwollen, indem ich aus dem Sein lebe, aus Gott. Das gibt meinem Leben Tiefe. Es bedeutet, mein inneres Feuer zu entdecken, meine Kreativität und meine Lebenskraft, die ich pflege, um sie alltäglich weiterschenken zu können.

Sein dürfen und werden

Sein dürfen
mich einbringen
mich zurücknehmen

Sein dürfen
ich bin nicht zu haben
sondern immer im Werden

Sein dürfen
du bist nicht zu haben
sondern immer im Werden

Sein dürfen
die Angst verlieren
zu kurz zu kommen

Sein dürfen
mit anderen aufbrechen
im politischen Engagement

Sein dürfen
Gottes Traum einer gerechteren Welt
mitträumen und mitverwirklichen

Meine Unruhe gehen lassen

Der Weg zu einer inneren Heilung führt nochmals durch den Schmerz, das Blockierte, das Unerlöste hindurch. Wenn ich durch die Stille intensiver mit schweren Verletzungen in Berührung komme, dann bin ich auf eine therapeutische und spirituelle Begleitung angewiesen. Ich darf jedoch auch auf meine innere, göttliche Heilungskraft vertrauen, die sich in mir im Eintauchen in die Stille entfalten kann. Wenn sich zuerst meine innere Unruhe meldet und wenn sie sein darf, dann kann ich sie besser gehen lassen.

Dieser Durchgang von der Unruhe zur Stille bietet uns die Gelegenheit, wohlwollend und geduldig mit uns selber umzugehen, uns anzunehmen mit unseren vielfältigen und ambivalenten Gefühlen, die immer nur ein Teil von uns sind. Wir sind mehr als die Unruhe, als die verdrängten Verletzungen, wir sind anerkannt in unserer Kostbarkeit. So wie sich uns nach einem heftigen Gewitter die Landschaft in großer Klarheit zeigt, so kann nach der Unruhe die Lebenskraft der Stille mich zur Hoffnung bewegen.

Laufe nicht der Vergangenheit nach.
Verliere dich nicht in der Zukunft.
Die Vergangenheit ist nicht mehr.
Die Zukunft ist noch nicht gekommen.
Das Leben ist hier und jetzt.
Lao Tse

Der Kontemplations- und Zenlehrer Marcel Steiner entwirft in seinem Buch *Tiefe Stille – Weiter Raum. Schweige-Impulse für jeden Tag* eine Wegbegleitung für 7 mal 7 Tage, in der erfreulicherweise auch mit Humor alle Facetten des Innehaltens beschrieben werden. „Selbst Bären häuteten sich, würden sie sitzen«, schreibt Marcel Steiner, wenn er den inneren Reinigungs- und Häutungsprozess erwähnt, der sich im Sitzen in der Stille ereignen kann. Die große Lebenskunst des Verweilens erfahre ich, wenn ich wahrnehme, was ist, um es lassen zu können. Es wird möglich, wenn wir uns gut einüben ins »nichts wollen – aber das mit ganzem Herzen«. Es bedeutet nicht, Gefühle und Gedanken zu unterdrücken, und schon gar nicht, sie zu bekämpfen, sondern sie wahrnehmend ziehen zu lassen: »Was unterdrückt wird, wird sich umso intensiver Ausdruck verschaffen wollen. Mache dir bewusst, dass Meditieren nicht heißt, etwas zu unterdrücken und so zu tun, als wären wir ruhig. Vielmehr erfährt sich der wache Geist, der du bist als offen und weit. So weit, dass alles seinen Raum und seine Zeit haben darf … und darum auch du mit all dem, was dich bewegt … und gelegentlich auch erschüttert … Und wenn es dir nicht gelingt? Dann erlaube dir einfach, das Nicht-Gelingen anzunehmen.«

Meine Unruhe durchschreiten
im Hineinatmen in meine Verspannungen
im Vorbeiziehen-Lassen meiner Gedanken
im Schütteln meines Leibes

Stärke unsere Fantasie

Du
erhebst den Armen
der im Schmutz liegt

Du
stärkst unsere Fantasie
Solidaritätsprojekte zu entwickeln
um Menschen von der Straße
lesen und schreiben zu ermöglichen
sie der Kinderprostitution zu entreißen

Du
ermutigst uns zugleich
das in uns zu erheben
was schmutzig ist
damit es heilend dank Deinem Wohlwollen
verinnerlicht werden kann
NACH PSALM 113,7

Menschenfreundlichkeit wagen

Als aber die Güte und die Menschenfreundlichkeit Gottes, unseres Retters, erschien, hat er uns gerettet – nicht aufgrund von Werken, die wir aus eigener Gerechtigkeit vollbracht hätten, sondern aufgrund seines Erbarmens.

TITUS 3,4

»Und ich glaube immer noch an die Überlegenheit des Guten über das Böse. In diesem Augenblick widerspricht alles meinem Glauben. Bemüht alles sich, mir zu beweisen, dass die wahre Überlegenheit, die wirkliche, konkrete, die der Gewalt ist. Der Geist aber verneint die Tatsachen«, schreibt die Jüdin Hélène Barr (1921–1945) in ihrem Pariser Tagebuch 1942–1944, das im Jahre 2009 nun endlich veröffentlicht wurde. Wie Anne Frank und Etty Hillesum lässt sich eine junge Frau nicht von der Grausamkeit lähmen, sondern kämpft für eine menschenfreundlichere Welt. Sie benennt auch die Trägheit der Katholiken und schreibt, dass sie hin und wieder denkt, dass sie Christus viel näher sei als viele Christen. In diesem bewegenden Tagebuch können wir entdecken, dass die Menschenfreundlichkeit Gottes allen Menschen gilt und dass sie alle verpflichtet, sich für die Würde aller Menschen ein- und auszusetzen. Diese Spur begegnet uns im Brief an Titus, der neben Timotheus zu den engsten Mitarbeitern des Apostels Paulus gehört. Sie konkretisiert sich auch im kleinen Brief an Philemon, den Paulus im Gefängnis schreibt. Er setzt sich bei dem Christen Philemon für den entlaufenen Sklaven Onesimus ein, indem er ihm zumutet, ihn freizulassen: »Vielleicht ist er nämlich nur deshalb eine Zeit lang von dir getrennt worden, damit du ihn für die Ewigkeit zurückbehältst, nicht mehr als Sklaven, sondern als weit mehr: als lieben Bruder« (Philemon 15–16). Die Menschenfreundlichkeit Gottes braucht unsere Hände, unsere Füße, unser Herz.

Com-passion: mitfühlend sein

»Einen Menschen retten heißt die ganze Welt retten«, heißt es am Ende des Filmes *Schindlers Liste* von Steven Spielberg. Für mich ist das der »Gegen-Satz« zum erdrückenden Gedanken »Was kann ich als Einzelner schon tun«.

Wenn ich mich als Teil des Ganzen fühle, kann ich sehr viel tun. Angefangen bei meinem Beten und Meditieren. Wenn ich in Einklang mit mir selbst bin, dann gestalte ich aktiv mit am Versöhnungsprozess auf dieser Welt. Mein Dasein ist immer Mitsein und hat eine Wirkung auf der ganzen Welt. Diese Grundhaltung verpflichtet natürlich zum Engagement. Wie anders, gerechter, zärtlicher wäre unsere Welt, wenn jede und jeder einen Menschen »retten« würde. Wie viel Lebenskraft könnte da gegenseitig fließen, wie viel Sinnlosigkeit und Langeweile überwunden werden, wenn jede und jeder ihre und seine Lebendigkeit auch im Mitfühlen und Teilen erfahren würde? Wir müssen nicht weit suchen: Im Hier und Jetzt begegnet mir mein Auftrag – vielleicht im Besuchen eines Kranken, im Spazierengehen mit einer Einsamen, im Sprachunterricht mit einem Asylbewerber, im Schreiben von Protestbriefen an Regierungen, im Anlegen meines Geldes auf alternativen Banken, im Einkaufen fairer Güter, in der Unterstützung von Erwerbslosenprojekten.

Erwecke uns

Wahnsinniger Krieg in unserer Nähe
gefolterte Kinder
bedrückende Bilder von Hungernden

Warum verbirgst
Du Gott
Dein Gesicht und vergisst unsere Not

Erwecke uns aus dem Schlaf der Oberflächlichkeit
lass uns nicht kraftlos liegen
unfähig aufzustehen
für Frieden und Gerechtigkeit
nimm uns die Angst
nicht alleine bestehen zu können
stärke unser Vertrauen
in die Macht der Ohnmächtigen

NACH PSALM 44,25

Geld gut ausgeben

Jedes Mal, wenn ich mir etwas Besonderes gönne, gebe ich ebenso viel für ein Entwicklungsprojekt aus.

Ich informiere mich für meine finanziellen Aktivitäten über alternative Banken, deren Ziel nicht die Gewinnmaximierung, sondern eine würdige und gerechte Verteilung von Geld ist.

Ich informiere mich, wie eine gerechtere Geldanlage und die Unterstützung von Patenschaftsprojekten möglich werden.

Ich kaufe bewusst ein – Produkte, die auch den Arbeitenden faire Löhne ermöglichen.

Kraftvoll mitten im Leben

Zu sich selber befreit,
da sein können mit ganzer Lebenskraft,
eigenständig und berührbar,
selbstbewusst und verwundbar,
aufgerichtet und solidarisch.

Sinn erfahren im Mitteilen
jener ansteckenden Lebensfreude,
die durch den Segen Gottes genährt wird.
Schöpfen aus dieser göttlichen Quelle
im tiefen Seelengrund, die zur Liebe bewegt.

Mitten im Leben stehen,
in seiner Kraft und Zerbrochenheit,
zum Segen werden.

Mitten im Leben
Verbitterte begleiten,
Entrechtete stützen
mit Protestbriefen von Amnesty International,
den Sprachlosen Worte ausleihen,
den Enttäuschten Hoffnungsbilder aufzeigen,
den Verwundeten heilend nah sein.

Mitten im Leben stehen, voll Freude und Dankbarkeit.

Inspiriert von Jesaja 40,9:
»Erhebe deine Stimme mit Macht,
Jerusalem, du Botin der Freude!
Erhebe deine Stimme, fürchte dich nicht!
Seht, da ist euer Gott.«

Meine schöpferische Lebenskraft

Heute
bringe ich mich ein
mit meiner schöpferischen Lebenskraft
mit meinem einfühlsamen Mitgefühl

Heute
wachse ich über mich selbst hinaus
bin offen für spontane Begegnungen
setze mich ein für mehr Menschlichkeit

Heute
erinnere ich mich, wie ich Teil
eines Ganzen bin
aufrecht zwischen Erde und Himmel
eingebunden in Schöpfung und Kosmos

VII.

Kraft schöpfen aus der Verbundenheit

Die Liebe leben

Zwischen Erde und Himmel

Zwischen Erde und Himmel
mich verwurzeln lassen
in das Urvertrauen
dass alles gut wird

Zwischen Erde und Himmel
mich tragen lassen
von der leidenschaftlichen Hoffnung
aller Friedensstiftenden

Zwischen Erde und Himmel
mich aufrichten lassen
im Glauben an die Gerechtigkeit
die sich im Teilen weltweit entfaltet

Zwischen Erde und Himmel
mich berühren lassen
zu einer staunenden Achtsamkeit
die einen einfachen Lebensstil fördert

Zwischen Erde und Himmel
uns bewegen lassen
von Gottes Traum
einer zärtlich-gerechteren Welt

Liebend unterwegs

Gott ist die Liebe und wer in der Liebe bleibt,
der bleibt in Gott und Gott bleibt in ihm.
1 Johannes 4,16

»Du hattest dich dazumal darauf verlassen, dass deine Geschöpfe Gehilfen dir würden. O weh«, schreibt die jüdische Dichterin Mascha Kaléko (1907–1975) in einem kurzen Dialog mit Gott in einem ihrer inspirierenden Gedichte. Ihre Worte bringe ich in Verbindung mit meiner tiefsten Hoffnung: dass die Liebe Gottes sich immer neu ereignet in unserer Liebe. Dass wir Gott brauchen, ist sonnenklar, doch Gott braucht auch uns. Er gebiert sich immer wieder neu in unserer Liebeskraft. Diese zutiefst mystische Grundhaltung findet sich im 1. Johannesbrief, dessen Verfasser wir nicht kennen. In großer Klarheit wird darin entfaltet, was im Mitsein Jesu, in seinem Lachen und Weinen, seinem Sterben und Auferstehen aufscheint: Wir sind nicht von Gott getrennt, in jeder und jedem von uns leuchtet sein innerster Liebesfunke auf. Der Mystiker Meister Eckhart (1260–1328) bringt in seiner 11. Predigt die Motive des Johannesbriefes zum Klingen. Er erinnert uns an die Worte des heiligen Augustinus: »Gott ist der Seele näher, als sie sich selbst ist«, und zeigt in poetischen Worten die Tragik auf, dass viele Menschen diese innere Quelle weder wahrnehmen noch daraus schöpfen, sie sind »wie ein Mann, der Wein in seinem Keller hat, aber nichts davon getrunken noch versucht hätte, der nicht weiß, dass er gut ist«.

Unsere Lebensaufgabe besteht darin, liebend unterwegs zu sein, im Feiern der Liebe Gottes als tiefstem Grund unserer Beziehungen: »Niemand hat Gott jemals gesehen; wenn wir einander lieben, bleibt Gott in uns und seine Liebe ist in uns vollendet« (1 Johannes 4,12). Die Gottesliebe entfaltet sich in der Selbst- und Nächstenliebe. Sie lässt uns mit-hoffen und mit-leiden und kämpfen für ein solidarisches Zusammensein und eine ökologische Achtsamkeit.

Du
ereignest dich in unserer Liebe
berührst uns zum Schöpfen
aus deiner Lebensquelle

Du
lässt uns Erde und Himmel verbinden
im Mitgestalten an einer Welt
die zärtlicher und gerechter wird

Du
bewohnst uns mit deiner Liebe
längst bevor wir dich suchen
wirkst du liebevoll in uns

Liebe als Kraft der Verwandlung

Viele Märchen erzählen, wie Menschen durch die Kraft der Liebe zu sich selbst zurückfinden. Denn Verwandlung geschieht nicht nur durch Leiden und Ängste, sondern auch durch das tiefe Geheimnis unseres Lebens, durch die Gabe, liebend unterwegs zu sein im Annehmen und Weiterschenken von Zuneigung und Geborgenheit. Liebe und Angst sind zwei Grundpole unseres Lebens. Die Angst kann uns schützen vor Gefahren, zugleich kann sie uns entfremden von uns selbst und anderen. *Angst essen Seele* auf ist der Titel eines beeindruckenden Films von Rainer Werner Fassbinder, in dem ganz deutlich wird, wie ein Klima der Angst uns von der Sehnsucht entfernt, uns auf Beziehungen einzulassen. Spirituelle Menschen bestärken einander zum Mut, das Leben und die Liebe immer wieder neu zu wagen. Da ereignet sich das Geheimnis der Verwandlung, weil wir durch die Liebe unsere Lebenskraft, unsere erotische Urkraft spüren. So können wir über uns selbst hinauswachsen, wir fördern das gegenseitige Vertrauen in die Hingabe – und bleiben dabei immer auch verwundbar.

Jedem Menschen Verwandlung zuzugestehen, ist für mich ein tiefer Ausdruck der Selbst-, Nächsten- und Gottesliebe. Sie schenkt sich uns im Beflügeltsein und in der Ernüchterung, in der wohlwollenden Konfliktbereitschaft und im Aufbruch für eine zärtlichere Gerechtigkeit. Liebende Verwandlung wird spürbar, wenn wir uns selbst und einander verzeihen können, weil wir alle viel mehr sind als unsere Fehler und Widersprüchlichkeit. Jeden Tag beim Aufstehen erneuere ich meine Hoffnung, dass wir uns alle zum Guten verwandeln lassen können.

Ein Mensch blüht auf

Was gibt es Schöneres als die Anteilnahme am Aufblühen eines Menschen! Das Leben kann uns viel zumuten, uns verhärten und misstrauisch werden lassen. Welch ein Glück, wenn Menschen dank einer Atmosphäre des Vertrauens sich ansehen lassen und ihren verschlossenen Blick öffnen.

Welch ein Glück, wenn Menschen ihren Schmerz, ihre Enttäuschung anderen mitteilen können und dadurch innere Heilung erfahren.

Welch ein Glück, wenn Menschen spüren, dass sie nicht auf ihre Mängel reduziert werden, sondern dass ihnen Verwandlung, Zukunft verheißen ist.

Das Glück ist nicht machbar, doch echte Freundschaft fördert es.

Miteinander wohnen

Freundschaft leben
einen Ort haben
wo ich loslassen darf
sein mit meinen dunklen Seiten
meinem Bedürfnis nach Angenommensein

Freundschaft leben
sich kein Bild voneinander machen
Entfaltungsmöglichkeiten bestärken
im Spiel der Zuwendung

Seht doch
wie gut und schön es ist
wenn Menschen miteinander in Eintracht wohnen
NACH PSALM 133,1

Verzaubert

Verzaubert hast du mich
berührt zur Kraft der Liebe
was in mir verborgen war
hast du zum Leben erweckt

Im langsamen sinnlichen Berühren unserer Haut
werden wir durchlässig für das göttliche Licht
das sich zeigt im tanzenden Spiel der Lust
damit wir uns in Geborgenheit und Freiheit entfalten

Wir erwachen zu unserer ureigenen Lebensaufgabe
lassen auch andere Suchende Anteil nehmen
am Geschenk unserer Freundschaft
im mutigen Einsatz für den weltweiten Friedensweg

DIR
danken wir
Schale unserer tiefen Liebe

Inspiriert von Hohelied 4,1.5.9:
Schön bist du, meine Freundin.
Deine Brüste sind wie zwei Kitzlein,
wie die Zwillinge einer Gazelle,
die in den Lilien weiden …
Verzaubert hast du mich.

Herzwärts

Zur Ruhe kommen
zu mir selber kommen
darin das Verbindende mit allen spüren
herzwärts leben

Zur Mitte kommen
meiner eigenen Tiefe
meinem heiligen Raum in mir
herzwärts atmen

Zur Sehnsucht kommen
meiner inneren Quelle
meinem Seelengrund
herzwärts fühlen

Zum Wesentlichen kommen
meinem inneren Licht
meiner göttlichen Kraft
herzwärts sein

Die Sterne mein Gebet

Beten ist nicht das Bemühen, Gott zu erreichen, sondern ein wohltuendes Aha-Erlebnis, dass sein Licht uns bewohnt und verbindet mit Schöpfung und Kosmos. »Lobt ihn, Sonne und Mond, lobt ihn, all ihr leuchtenden Sterne«, heißt es in Psalm 148,3. Unser Alltag wird verwandelt, wenn wir uns regelmäßig ein liebendes Innehalten gönnen, indem wir uns erinnern, dass Sonne, Mond, Sterne, Wasser, Erde, Feuer und Luft uns hineinholen in ein großes »Danke«. Miteinander schweigend unter dem Sternenhimmel unterwegs sein lässt uns mit unseren Füßen beten. Schritt für Schritt können wir uns von innen her aufrichten lassen. Das Lied der leuchtenden Sterne führt Menschen zusammen, damit ihr Lachen und Weinen aufgehoben ist im Himmel.

Berührt werden

Ich wünsche dir
die Berührung des Wassers
ein Eintauchen in das Meer der Hoffnung
das dich zum Teilen beglückt

Ich wünsche dir
die Berührung der Luft
ein Beflügeltsein zur Weite
das dich zur Toleranz bewegt

Ich wünsche dir
die Berührung der Erde
ein Verwurzeltsein in Beziehung
das deine Ohnmacht verwandelt

Ich wünsche dir
die Berührung des Feuers
eine leidenschaftliche Kreativität
die mit anderen Kultur fördert

Unsere Augen aufleuchten lassen

Mein Gott,
ich bin beschämt und von Schande überwältigt,
meine Augen zu dir, mein Gott, zu erheben.
Denn unsere Sünden sind uns über den Kopf gewachsen
und unsere Schuld reicht bis zum Himmel.
Esra 9,6

In einer Straßenbahn in Hannover bemerke ich eine Frau, die mit einer großen, leeren Gießkanne unterwegs ist. Ein unscheinbares Bild mitten im Alltag lässt mich nicht mehr los. Ich bringe es in Verbindung mit unserem großen Durst nach Lebendigkeit, nach Gerechtigkeit und Versöhnung. Es sind jene zentralen Lebenswerte, die wir weder kaufen noch machen können. Sie werden uns geschenkt, wenn wir ehrlich mit uns selber sind, wenn wir leer werden, wenn wir wie ein offenes Gefäß unterwegs sind, um immer wieder neu erfüllt zu werden von der unendlichen Liebe Gottes. Diese Spur entdecke ich auch im Buch Esra, das von der Rückkehr aus der Verbannung erzählt und von jener befreienden Selbsterkenntnis, die aufrichtet zur Hoffnung.

Auch uns ist vieles über den Kopf gewachsen, und wir werden die Geister der Machbarkeit und des Leistungsdruckes nicht mehr los, sie prägen uns ganz subtil jeden Tag, verstärken unsere innere Unruhe und unsere Entsolidarisierung. Himmelschreiend ist die Tatsache, dass jeden Tag so viele Menschen verhungern, obwohl genug Nahrung für alle da ist. In all den ungerechten Strukturen und in all den menschenverachtenden Aufrüstungsmechanismen, die Krieg und Gewalt weltweit verstärken, können uns wenige Worte aus dem Buch Esra aufrichten: »Unser Gott ließ unsere Augen aufleuchten und uns ein wenig aufleben. Denn wir sind zwar Knechte, aber unser Gott hat uns in unserer Knechtschaft nicht verlassen« (Esra 9,8). Unsere Augen werden aufleuchten, wenn wir unsere Welt nicht schönreden, sondern uns unsere subtile Versklavung an den Götzen Mammon eingestehen. Wir werden aufleben zu einem gemeinsamen Glaubensweg, der sich in der Spannung von Barmherzigkeit und Gerechtigkeit entfaltet. Wir werden heimkehren zur Menschlichkeit, wenn wir uns nicht abfinden mit der zunehmenden Armut in unserem Umfeld. (...)

Das Bild der Gießkanne begleitet mich auf diesem Gerechtigkeitsweg. Es stiftet mich an, mit anderen den Durst und Hunger nach der Liebe Gottes wachzuhalten und im Alltag immer neu zu buchstabieren, nach jener Liebe, die uns über den Tod hinaus verbindet mit allen Menschen, die im Sterben Heimat gefunden haben in Christus. Diese Hoffnung lebt auch durch die Frau mit der leeren Gießkanne, die beim Friedhof aussteigt.

Die Kraft des Augenblicks

»Ach, dieser Satz ›Lebe jeden Tag, als ob's der letzte wär‹ ist doch ein Schmarrn. Was sollten wir anderes machen. Ich sage dir was, ich täte gar nichts anderes machen«, sagt Rudi (Elmar Wepper) an der Ostsee zu seiner Frau Trudi (Hannelore Elsner) im berührenden Film *Kirschblüten – Hanami* von Doris Dörrie. Zwei Tage später stirbt Trudi ganz unerwartet. Dieser plötzliche Tod bringt Rudi völlig durcheinander. Erst jetzt erfährt er von den ungelebten Träumen seiner Frau, von ihrem Wunsch, den Sohn Karl in Japan zu besuchen, um die Kunst des Butoh-Tanzes lernen zu können und den göttlichen Berg Fujiyama zu sehen. Das Unglaubliche geschieht: Rudi fliegt nach Tokio, um zusammen mit seiner verstorbenen Frau eine innere Reise zu wagen, die aus der Kraft des Hier und Jetzt sich entfaltet. Mit eindrücklichen Bildern holt die Regisseurin Doris Dörrie uns in die Lebensweisheit hinein, im Augenblick wie die Kirschblüten aufblühen zu können in eine Zeitlosigkeit, die Leben und Tod verbindet. Diese Hoffnung konkretisiert sich jeden Tag in der Einladung, in der Kraft des Augenblicks innezuhalten, einfach da zu sein. Wenn ich immer wieder vertrauensvoll wage, mein Bedürfnis nach Kontrolle aufbrechen zu lassen, dann kann ich paradoxerweise mit Leib und Seele präsent sein in der Gegenwart.

Einfach da zu sein, ist etwas vom Schwierigsten in unserer Kultur. Ganz subtil verstärkt die Konsumgesellschaft mit ihrer Werbung täglich unsere Angst, etwas Wichtiges verpassen zu können. Eine Angst, die gekoppelt sein kann durch eine Sozialisation, in der wir erfahren haben, dass wir nicht genügen. Eine Prägung, die gespeichert ist in unserem Leib und die uns zu reflexartigen Verkrampfungen führt. Eine Daseinsberechtigung hat nur, wer sich durch Leistung und Schnelligkeit definiert und wer bereit ist, sich im täglichen Arbeitsprozess hetzen zu lassen. Gegen diese entwürdigende Lebenseinstellung hat schon die Bibel auf ihrer ersten Seite Einspruch erhoben, indem sie uns zuspricht, angenommen und gesegnet zu sein vor allem Tun. Diese entlastende Grundhaltung lässt mich nicht mehr zuerst fragen, was ich tun muss, sondern wo und wie ich Kraft schöpfe, um verantwortungsvoll mitzugestalten an menschlicheren Arbeitsbedingungen, die auch ökologisch verantwortbar sind. Im Einüben der uralten Lebensweisheit des Verweilens im Augenblick sind wir auf Verbündete angewiesen. Wir können einander einen Erlaubnisschein des Innehaltens zusprechen, damit wir nicht gefangen bleiben in Leben behindernden Gewohnheiten. Wir können einander ermutigen, uns nicht leben zu lassen. Die Kraft des Daseins erwartet uns jeden Tag neu.

Schön bist du …

Nur ein Kuss
auf meine Wange
lässt mich mein innerstes
Berührtsein erfahren
das mehr ist als alles

Nur ein Blick
im Vorbeigehen
lässt mich Ansehen erfahren
das vom zärtlich-heilsamen Segen erzählt

Schön bist du
kostbar
einmalig
unbegreiflich

Du atmest in allem, was lebt

Mutter Geist,
du atmest in allem, was lebt.

Schwester Geist,
du bist der verbindende Lebensatem
der ganzen Schöpfung.

Freundin Geist,
du lebst in uns,
in der achtsamen Verbundenheit
mit allen Geschöpfen.

Dein Name wird geheiligt
im dankbaren Staunen und Verweilen
in deiner Schöpfung.
Im heilenden Umgang miteinander
bist du uns bestärkend und tröstend nahe.

Quellenverzeichnis

Die Texte des Lesebuches sind folgenden Büchern von Pierre Stutz entnommen. Soweit nicht anders vermerkt, sind sie im Verlag Herder, Freiburg im Breisgau, erschienen: © Verlag Herder GmbH, Freiburg im Breisgau.

Ein Stück Himmel im Alltag. Sieben Schritte zu mehr Lebendigkeit, 2000, Neuausgabe 2013

50 Rituale für die Seele. Herausgegeben von Andreas Baumeister, 2001, Neuausgabe 2011

Meditationen zum Gelassenwerden, 2001, 5. Aufl. 2005

Weihnachten – unserer Sehnsucht folgen, 2001, 2. Aufl. 2002

Licht in dunkelster Nacht. Vier Briefe an bekannte Mystiker. © Vier-Türme-Verlag, Münsterschwarzach 2001

Was meinem Leben Tiefe gibt. Schritte zum Dasein, 2002, Neuausgabe 2011

Herzensworte. Die 10 Gebote des Lebens, Luzern 2002. © beim Autor

Unter dem Stern der Hoffnung. Meditationen in der Advents- und Weihnachtszeit, 2002

Verwundet bin ich und aufgehoben. Für eine Spiritualität der Unvollkommenheit. © 2003 by Kösel Verlag, München, in der Verlagsgruppe Random House GmbH, München

Engel des Trostes wünsche ich dir. Briefe an Trauernde, 2004, Neuausgabe 2011

Lebe, was dir Kraft gibt, 2004

Atempausen für die Seele, 2004, Neuausgabe 2013

Lebe, was dir Freude schenkt, 2005

Der Stimme des Herzens folgen. Jahreslesebuch, 2005, 3. Aufl. 2008

Sei gut mit deiner Seele, 2006, Neuausgabe 2013

Die Lebendigkeit der Seele entdecken, 2007

Mein Leben kreist um Dich. Mit den Psalmen die eigene Mitte finden. © 2009 by Kösel Verlag, München, in der Verlagsgruppe Random House GmbH, München

Kleines Buch vom Kreis des Lebens, 2011 (Neuausgabe von: Zeit des Wachsens, Zeit des Reifens)

In der Weite des Himmels. Ein meditativer Gang durch die Bibel, 2011

Jeder Mensch hat seinen Stern. Der spirituelle Adventskalender, 2012

Deine Küsse verzaubern mich. Lust und Leidenschaft als spirituelle Quellen. © 2012 by Kösel Verlag, München, in der Verlagsgruppe Random House GmbH, München

I.

S. 20: Herzensstimme, aus: Herzensworte, S. 23

S. 21: Da-sein können, aus: Ein Stück Himmel im Alltag, S. 13ff.

S. 25: Zu mir stehen, aus: 50 Rituale für die Seele, S. 18

S. 26: Mit mir selber gut umgehen, aus: Ein Stück Himmel im Alltag, S. 68ff.

S. 28: Liebevolle Zuwendung, aus: Mein Leben kreist um Dich, S. 22

S. 29: Befreiende Selbsterkenntnis, aus: Der Stimme des Herzens folgen, S. 33

S. 30: Mein inneres Feuer entdecken, aus: Ein Stück Himmel im Alltag, S. 40ff.

S. 33: Mein Licht leuchten lassen, aus: Der Stimme des Herzens folgen, S. 36

S. 34: Im Einklang mit mir selber, aus: Die Lebendigkeit der Seele entdecken, S. 102

S. 35: Zum Leben ermächtigt, aus: Der Stimme des Herzens folgen, S. 29

S. 36: Selbstvertrauen stärken, aus: Meditationen zum Gelassenwerden, S. 25

S. 38: Der Kraft des Engels trauen, aus: Der Stimme des Herzens folgen, S. 374

S. 39: Voller Macht im Leben stehen, aus: Der Stimme des Herzens folgen, S. 77

S. 40: Folge dem Stern, aus: Weihnachten – unserer Sehnsucht folgen, S. 123

II.

S. 44: Gesegnet sei dein Dasein, aus: Der Stimme des Herzens folgen, S. 12

S. 44: Die Zeit der Verwandlung, aus: Kleines Buch vom Kreis des Lebens, S. 33f.

S. 46: Verwandlung, aus: Sei gut mit deiner Seele, S. 72

S. 47: Verwandlung durch Leidensdruck, aus: Sei gut mit deiner Seele, S. 73ff.

S. 49: Vertrauen in die Verwandlungskraft, aus: Kleines Buch vom Kreis des Lebens, S. 46

S. 50: Aufbruch aus der Krise, aus: Verwundet bin ich und aufgehoben, S. 20f.

S. 52: Durchbruch und Krise, aus: Verwundet bin ich und aufgehoben, S. 55ff.

S. 55: Meine Wachstumschance sehen, aus: Der Stimme des Herzens folgen, S. 22

S. 56: Vertrauensworte, aus: In der Weite des Himmels, S. 18f.

S. 57: Auf Gottes Nähe vertrauen, aus: Ein Stück Himmel im Alltag, S. 109ff.

S. 60: Gesegnet sei dein Aufbruch, aus: Kleines Buch vom Kreis des Lebens, S. 47

S. 61: Loslassen und Verwandlung erleben, aus: Was meinem Leben Tiefe gibt, S. 64f.

S. 62: Hingabe an das Leben – die Zeit des Säens, aus: Kleines Buch vom Kreis des Lebens, S. 21ff.

S. 64: Mitten im Entscheidungsprozess, aus: Der Stimme des Herzens folgen, S. 314

S. 65: Mein Coming-Out – ein Brief (Ende Juni 2002)

S. 68: In Zeiten des Neuanfangs der Verwandlung trauen, aus: Meditationen zum Gelassenwerden, S. 78

III.

S. 72: Die Kraft der Rituale, aus: 50 Rituale für die Seele, S. 7ff.

S. 74: Raum für meine Seele, aus: 50 Rituale für die Seele, S. 76

S. 75: Eine Stunde sitzen, aus: Ein Stück Himmel im Alltag, S. 34f.

S. 77: Segen für heute, aus: Was meinem Leben Tiefe gibt, S. 23

S. 78: Stehen, aus: Was meinem Leben Tiefe gibt, S. 31ff.

S. 79: Dastehen, aus: Was meinem Leben Tiefe gibt, S. 32f.

S. 81: Morgens, aus: Meditationen zum Gelassenwerden, S. 132

S. 82: Mittags, aus: Meditationen zum Gelassenwerden, S. 52

S. 83: Abends, aus: Meditationen zum Gelassenwerden, S. 114

S. 84: Abendstern, aus: Jeder Mensch hat seinen Stern, S. 18

S. 85: Im Rhythmus des Jahres: aus: Kleines Buch vom Kreis des Lebens, S. 7ff.

S. 86: Den Frühling begrüßen I, aus: Kleines Buch vom Kreis des Lebens, S. 12

S. 87: Der Frühling in mir, aus: Kleines Buch vom Kreis des Lebens, S. 17–30; 37–40.

S. 91: Den Frühling begrüßen II, aus: Kleines Buch vom Kreis des Lebens, S. 13

S. 92: Den Sommer begrüßen, aus: Kleines Buch vom Kreis des Lebens, S. 50

S. 93: Zeit am Wasser, aus: Kleines Buch vom Kreis des Lebens, S. 75

S. 94: Den Herbst begrüßen, aus: Kleines Buch vom Kreis des Lebens, S. 86

S. 95: Die Zeit der Bäume, aus: Kleines Buch vom Kreis des Lebens, S. 108–110

S. 96: Den Winter begrüßen I, aus: Kleines Buch vom Kreis des Lebens, S. 126

S. 97: Die Zeit der Dunkelheit, aus: Kleines Buch vom Kreis des Lebens, S.134ff.

S. 98: Die Zeit des Wartens, aus: Kleines Buch vom Kreis des Lebens, S. 137f.

S. 100: Den Winter begrüßen II, aus: Kleines Buch vom Kreis des Lebens, S. 127

S. 101: Essen: voll Dankbarkeit genießen, aus: 50 Rituale für die Seele, S. 54

S. 101: Einander segnen, aus: 50 Rituale für die Seele, S. 52

S. 102: Bewusst in der Natur verweilen, aus: 50 Rituale für die Seele, S. 119

S. 103: Wenn Menschen mich verletzt haben: segnen, aus: 50 Rituale für die Seele, S. 26

S. 103: Abschiedsfeste feiern, aus: Meditationen zum Gelassenwerden, S. 145f.

S. 105: Gesammelt sein, aus: Jeder Mensch hat seinen Stern, S. 1

IV.

S. 108: Mein Credo, aus: Verwundet bin ich und aufgehoben, S. 189

S. 109: In der Lebensschule des Mannes aus Nazaret, aus: Der Stimme des Herzens folgen, S. 90f.

S. 111: Dem Lebensfluss trauen, aus: Der Stimme des Herzens folgen, S. 129

S. 113: Wege, aus: Engel des Trostes wünsche ich dir, S. 68f.

S. 114: Momente, in denen nichts gut ist, aus: Was meinem Leben Tiefe gibt, S. 73f.

S. 115: Trauer und Heilung – ein Brief, aus: Engel des Trostes wünsche ich dir, S. 95f.

S. 116: Alltäglich sterben einüben, aus: Atempausen für die Seele, S. 144

S. 117: Echte Selbstliebe, aus: Sei gut mit deiner Seele, S. 38

S. 118: Zu-Grunde-Gehen, aus: Der Stimme des Herzens folgen, S. 110; 103

S. 119: Geschehen lassen, aus: Der Stimme des Herzens folgen, S. 106

S. 120: Zum Vertrauen bewegt, aus: In der Weite des Himmels, S. 100f.

S. 121: Hoffnung?, aus: Unter dem Stern der Hoffnung, S. 10ff.

S. 123: In Zeiten der Leere sich neu füllen lassen, aus: Meditationen zum Gelassenwerden, S. 115f.

S. 125: Kraft des Lebens, aus: Was meinem Leben Tiefe gibt, S. 35

S. 126: Vertrauen, wenn es auch Nacht ist, aus: Licht in dunkelster Nacht, S. 91ff.

S. 128: Sei gesegnet, aus: Kleines Buch vom Kreis des Lebens, S. 123

S. 129: Mein Umgang mit Schuld, aus: Atempausen für die Seele, S. 107f.

S. 130: Die Sehnsucht entfalten, aus: Weihnachten – unserer Sehnsucht folgen, S. 48f.

V.

S. 134: Zeit zum Feiern, aus: Sei gut mit deiner Seele, S. 137ff.

S. 136: Genießen, aus: Mein Leben kreist um Dich, S. 131

S. 137: Vollkommen unvollkommen, aus: Ein Stück Himmel im Alltag, S. 62f.

S. 139: Geschenkcharakter des Lebens, aus: Der Stimme des Herzens folgen, S. 51

S. 140: Inneres Auferstehen, aus: Der Stimme des Herzens folgen, S. 119

S. 141: Einzigartig, aus: Sei gut mit deiner Seele, S. 133

S. 141: Sich mit der eigenen Geschichte versöhnen, aus: Was meinem Leben Tiefe gibt, S. 95–98.

S. 145: Das innere Kind umarmen, aus: Der Stimme des Herzens folgen, S. 89

S. 146: Tanz des Lebens, aus: Die Lebendigkeit der Seele entdecken, S. 59

S. 146: Alles bereit, aus: Meditationen zum Gelassenwerden, S. 126ff.

S. 148: Die Schöpfung segnen, aus: 50 Rituale für die Seele, S. 120

S. 149: Was jetzt gut tut, aus: Sei gut mit deiner Seele, S. 140

S. 150: Einfach, aus: Was meinem Leben Tiefe gibt, S. 48

S. 151: Heute..., aus: Der Stimme des Herzens folgen, S. 264

S. 152: Die Sorgen gehen lassen, aus: Lebe, was dir Freude schenkt, S. 8

S. 152: Freude zieht Kreise, aus: Die Lebendigkeit der Seele entdecken, S. 70

S. 153: Gegenwart feiern, aus: In der Weite des Himmels, S. 16

S. 154: Weinen und Feiern, aus: Sei gut mit deiner Seele, S. 142

S. 155–158: Bewegt zur Liebe, aus: Deine Küsse verzaubern mich, S. 66ff.

S. 159: Leben aus Gottes Kraft, aus: In der Weite des Himmels, S. 225

VI.

S. 162: Lächle deinem Tag zu, aus: Der Stimme des Herzens folgen, S. 72

S. 163: Über sich hinauswachsen, aus: Ein Stück Himmel im Alltag, S. 138ff.

S. 165: Sich finden lassen, aus: In der Weite des Himmels, S. 141f.

S. 167: Vision und Engagement, aus: Verwundet bin ich und aufgehoben, S. 160f.

S. 168: Denk-mal, aus: In der Weite des Himmels, S. 108

S. 169: Haben oder Sein, aus: Was meinem Leben Tiefe gibt, S. 78f.

S. 172: Sein dürfen und werden, aus: Was meinem Leben Tiefe gibt, S. 81

S. 173: Meine Unruhe gehen lassen, aus: Was meinem Leben Tiefe gibt, S. 141ff.

S. 175: Stärke unsere Fantasie, aus: Mein Leben kreist um Dich, S. 78

S. 176: Menschenfreundlichkeit wagen, aus: In der Weite des Himmels, S. 175f.

S. 177: Com-passion: mitfühlend sein, aus: Ein Stück Himmel im Alltag, S. 143

S. 178: Erwecke uns, aus: Mein Leben kreist um Dich, S. 112

S. 179: Geld gut ausgeben, aus: 50 Rituale für die Seele, S. 80

S. 179: Kraftvoll mitten im Leben, aus: Die Lebendigkeit der Seele entdecken, S. 134

S. 181: Alles steht bereit, aus: Mehr Himmel im Alltag, S. 139

VII.

S. 184: Zwischen Erde und Himmel, aus: Der Stimme des Herzens folgen, S. 204

S. 185: Liebend unterwegs, aus: In der Weite des Himmels, S. 184f.

S. 187: Liebe als Kraft der Verwandlung, aus: Sei gut mit deiner Seele, S. 79f.

S. 188: Ein Mensch blüht auf, aus: Die Lebendigkeit der Seele entdecken, S. 27

S. 189: Miteinander wohnen, aus: Mein Leben kreist um Dich, S. 132

S. 190: Verzaubert, aus: Die Lebendigkeit der Seele entdecken, S. 149f.

S. 191: Herzwärts, aus: Weihnachten – unserer Sehnsucht folgen, S. 63

S. 192: Die Sterne mein Gebet, aus: Jeder Mensch hat seinen Stern, S. 19

S. 192: Berührt werden, aus: Kleines Buch vom Kreis des Lebens, S. 83

S. 193: Unsere Augen aufleuchten lassen, aus: In der Weite des Himmels, S. 58f.

S. 195: Die Kraft des Augenblicks, aus: Was meinem Leben Tiefe gibt, S. 129f.

S. 197: Schön bist du ..., aus: Deine Küsse verzaubern mich, S. 176

S. 198: Du atmest in allem, was lebt, aus: 50 Rituale für die Seele, S. 128

Pierre Stutz im Verlag Herder

Sei gut mit deiner Seele
160 Seiten | Herder spektrum Taschenbuch
ISBN 978-3-451-07165-2

Atempausen für die Seele
160 Seiten | Herder spektrum Taschenbuch
ISBN 978-3-451-06585-9

Kleines Buch vom Kreis des Lebens
160 Seiten | Herder spektrum Taschenbuch
ISBN 978-3-451-07125-6

Was meinem Leben Tiefe gibt | Schritte zum Dasein
160 Seiten | Herder spektrum Taschenbuch
ISBN 978-3-451-06296-4

Ein Stück Himmel im Alltag | Sieben Schritte zu mehr Lebendigkeit
160 Seiten | Herder spektrum Taschenbuch
ISBN 978-3-451-06586-6

50 Rituale für die Seele | Hg. von Andreas Baumeister
150 Seiten | Gebunden mit Schutzumschlag und Leseband
ISBN 978-3-451-30401-9

In der Weite des Himmels | Ein meditativer Gang durch die Bibel
200 Seiten | Flexcover mit Leseband
ISBN 978-3-451-32328-7

Etty Hillesum
TB „Das denkende
Herz“

HERDER